先秦年代续探

XIANQIN NIANDAI XUTAN

◎ 白光琦／著

首都师范大学出版社
CAPITAL NORMAL UNIVERSITY PRESS

图书在版编目(CIP)数据

先秦年代续探/白光琦著．—北京：首都师范大学出版社，2016.5

ISBN 978-7-5656-2884-9

Ⅰ.①先…　Ⅱ.①白…　Ⅲ.①年代—考证—中国—先秦时代　Ⅳ.①K220.7

中国版本图书馆 CIP 数据核字(2016)第 067611 号

XIANQIN NIANDAI XUTAN

先秦年代续探

白光琦　著

责任编辑　王慕飞

首都师范大学出版社出版发行

地　址　北京西三环北路 105 号

邮　编　100048

电　话　68418523(总编室)　68982468(发行部)

网　址　www.cnupn.com.cn

印　刷　三河市博文印刷有限公司

经　销　全国新华书店

版　次　2016 年 5 月第 1 版

印　次　2016 年 5 月第 1 次印刷

开　本　787mm×1092mm　1/16

印　张　8.25　插页　2

字　数　128 千

定　价　26.00 元

目　　录

晚殷年历谱

目　次

董作宾的《殷历谱》，对于通过卜辞历日的合天情况来确定殷王年份，做了开创性的研究。随着甲骨学的全面深入发展，以及对殷代历法与西周年代的逐步认识，尤其是对商代周祭制度的研究，常玉芝先生集其大成，为确立晚殷年代创造了条件。个人学识浅陋，曾试排过晚殷周祭祀谱[①]，因错误很多，现予改正，提出以下方案，供学者参考。

一、晚殷三王都在二十年以上

这个问题，常玉芝先生早有论证。现在单就廿祀的有关卜辞，将以叙述。

第(1)组

《合》36856：癸未卜，在上䆃，贞王旬亡祸？在九月，王廿司。癸卯卜，在上䆃，贞王旬亡祸？在十月。

《合》37863：癸未王卜，贞旬亡祸？在九月，在上䆃，王廿司。癸巳王卜，贞旬亡祸？在九月，在上䆃。

王在上䆃及王廸于上䆃的卜辞，其月份可知者，已有二十余片，可以从廿祀五月癸巳，连续排至次年三月癸酉，计十个月，单月皆为癸酉、癸未、癸巳，双月皆为癸卯、癸丑、癸亥。其中《合》36848＋36867＋36874＋36875 等为贞人泳所卜。这些卜辞，都是单纯卜旬而无周祭，是商纣不肯祀先王之证。

《墨子·非命中》引《太誓曰》："纣夷之居，而不肯事上帝，弃阙其先神而不祀也。"其《非命上》、《天志中》所引也基本相同。《书·牧誓》也说："今商王受，惟妇言是用，昏弃厥肆祀弗答。"《逸周书·克殷》也说："殷末孙受，德迷先成汤之明，侮灭神祇不祀。"大概周祭典礼的程序非常繁琐，故为帝辛所怠。可见第(1)组是帝辛卜辞。

第(2)组：

《合》37867：癸巳卜，泳贞，王旬亡祸？在六月，甲午工典其幼。癸丑卜，泳贞，王旬亡祸？在六月，甲寅彡翌上甲，王廿祀。癸酉卜，泳贞，王旬亡祸？甲戌翌太甲。癸巳卜，泳贞，王旬亡祸？在八月。癸丑卜，泳贞，王旬亡祸？在八月，甲寅翌日羌甲。癸酉卜，泳[贞]，王旬[亡祸]？在九[月]。

此片六月、八月都有癸巳，显然不合帝辛廿祀。它也是贞人泳所卜，自与第(1)组卜辞王世相邻，应为帝乙廿祀，因为贞人泳不可能从文丁廿祀用事到帝辛廿祀。

第(3)组：

《南明》835＋《合》37864＋37851：癸亥王卜，贞，彡彡日自上甲至于多毓，衣，亡壱？自祸。王占曰吉。在三月，隹王廿祀。彡。

《合》37865：[癸]□王卜，贞，彡彡日自上甲[至于]多毓，衣，亡壱？自祸。[王占曰]吉。在三月，隹王廿[祀。彡]。

此组卜辞记廿祀三月癸亥，而第(1)组廿祀六月有癸卯、癸丑、癸亥，则三月无癸亥，不合帝辛廿祀。第(2)组虽然三月有癸亥，但它是六月甲午翌工典，与此组的三月癸亥彡上

① 白光琦：《先秦年代探略》，北京，中国社会科学出版社，2008。

甲，祀序不能衔接。因为从彡上甲到翌工典相距应为11旬，而三月癸亥到六月癸巳相距只有9旬，缺了2旬。所以此组也不合帝乙，只能属于文丁。

二、晚殷三王的总年数

晚殷三王的总年数可由以下三部分组成：文丁杀季历时的年份，文王享国年数，武王克商时的年份。

文丁杀季历之年

《纪年》有文丁杀季历，不知年数。据其："武乙三十四年，周王季历来朝，武乙赐地三十里，玉十瑴，马八匹。""三十五年，周王季伐西落鬼戎，俘二十翟王。"及文丁二年、四年、七年，皆有周人伐戎之记载。至"十一年，周人伐翳徒之戎，捷其三大夫。"几乎是年年有事。到十一年忽然中止，以后也未见文丁之事，疑季历被囚或被杀即在此年，明年为文王元年。

文王年数

《书·无逸》曰："文王受命惟中身，厥享国五十年。"《吕氏春秋·制乐》曰："文王即位八年而地动，已动之后四十三年，凡文王立国五十一年而终。"两者相差一年，分析如下：

《书·无逸》不但文体平顺，不像周初文献，且有不少错误。

1. 所举三位殷先哲王，次序是中宗、高宗(武丁)、祖甲。其结语也说："自殷王中宗及高宗及祖甲及我周文王，兹四人迪作。"次序一致。然，《国语·周语下》说："帝甲乱之，七世而陨。"《史记·殷本纪》也说："帝甲滛乱"。帝甲即祖甲。《孟子·公孙丑上》说："由汤至于武丁，贤圣之君六七作，天下归殷久矣，久则难变也。武丁朝诸侯有天下，犹运之掌也。纣之去武丁未久也，其故家遗俗流风善政犹有存者，又有微子、微仲、王子比干、箕子、胶鬲，皆贤人也，相与辅相之，故久而后失之也。"据此，殷代的贤圣之君止于武丁，而《无逸》止于武丁之子祖甲，误矣。

2. 说"自时厥后，亦罔或克寿。或十年，或七八年，或五六年，或四三年。"亦误。因为武乙在三十五年以上，文丁、乙、辛也都在二十年以上。

3. 说"肆中宗之享国七十有五年。"中宗即祖乙，见甲骨文及《纪年》，为仲丁之子。仲丁卒后，又历外壬、戋甲，祖乙继位时年已不小，怎么还能享国七十五年？

疑此篇非周初之文，此篇说文王享国五十年，未知确否。

《吕氏春秋·制乐》，借三个神话故事，讲为善可以避祸，说文王立国五十一年而终，未知所据。

比较起来，以文王五十一年取其成数作五十年的可能性大，而以文王五十年误作五十一年的可能性小，今取五十一年。

三王的总年数

拙著《先秦年代探略》已经论证，殷亡于公元前1044年3月10日甲子，即帝辛廿六祀十二月甲子、周武王十一年三月甲子。是年殷历建辰，周历建丑，岁首相差3个月。依殷历计，在帝辛廿六祀末，依周历计，在武王十一年初，所以帝辛廿六祀相当于武王十年，在计算殷亡年数时，应以武王十年为准。

晚殷三王总年数 ＝ 文丁11 ＋ 文王51 ＋ 武王10 ＝ 72年

三、殷代的岁首和月首

殷代的岁首

《合集》24440是祖庚、祖甲时的一版甲骨文，记有正月甲子到二月癸亥60日辰，这组历日以正月甲子为岁首，十分理想，刻辞又有夺字缺笔，不像逐日所刻，因而不是实际历日，应是模拟的记日刻辞。其“月一正曰食麦”，有如《夏小正》“正月启蛰”之类的时令语，是殷代建正的宝贵资料。据《吕氏春秋》“孟夏之月……农乃登麦”，《左传》成十年“六月丙午……甸人献麦”，可知大麦黄熟在夏正四月、周正六月，皆当建巳之月，而卜辞为正月，可知此时殷正建巳。

在殷代的五次月食中，有两次记有月份，通过它的确切年份，可以推知该年的建正。

一次是十二月己未向庚申的月食。根据人们的生活规律，殷人应以天明为一日之始，己未向庚申月食，应是发生在庚申天将明时的一次月食。由刘宝林月食表查得，公元前1130—1100年之内，只有1166年8月14日的这次月食可合。故知该年正月建酉。

另一次是八月乙酉夕月食，夏商周断代工程排列了五次月食的位序，认为它的年代较晚，断为公元前1181年11月25日的月全食，可能已入祖庚时期。则该年正月建辰。

上述可考的两个年份(假定无年中置闰)，一个建酉，一个建辰，建正相差5个月，可见殷代的岁首变化非常之大。

学者或主张火历之说。我们知道，黄道附近恒星的现伏周期十分准确，只在365至366天之间，观测误差不过数日。而殷代后期，大火(心宿二)的晨现在立冬小雪之间，昏现在清明谷雨之间，昏中在芒种夏至之间，以此为岁首，则殷代的正月分别建亥、建辰、建午，而且相当稳定。这与实际情况相去甚远，可知殷人并未以星象定岁时。

殷人不知岁实，故置闰无章。文丁时曾连续9年不闰，应是试行一种一年固定十二月的历法。帝辛时仍有6年不置一闰及一年再闰(称十四月)的情况，置闰或在年末、或在年中。据本文所排，晚殷的建正，除文丁时偶有建寅建卯者外，武乙晚期至帝乙时都在辰、巳、午、未之间。而帝辛时在卯、辰、巳、午之间，其岁首(正月初)率在春分到夏至之间。可知晚殷的岁首主要靠物候决定，物候与星象杂用，又无固定的标准，故变幅甚大，还处在观象授时的成长阶段。

西周已走向观象授时的成熟阶段，建正大致稳定，率在丑寅之间，但仍有十四月的现象，殷代的历法疏于西周，有十四月是不可避免的。

殷代的月首

在观象授时阶段，一月之始是由直观来决定的，而月相的变化，又以朏、望、晦为最著，其中，朏是从无到有，晦是从有到无，变化非常明显。古人用月光照明，一个月有二十多天可见，因此，以朏为一月之始，是十分自然的。如以晦为一月之始，就好比以天黑为一日之始，不符合人们的生活规律了。

西周用生霸死霸纪日，是以朏为一月之始的，西周末，观象授时发展到成熟阶段，产生了编制历书的要求，历家从日中为一日之中，意识到夜半为一日之始，从望为一月之中，意识到晦朏之间有个一月之始，才产生了朔的概念，经过一段时间的摸索，到春秋初期，才制定出 29 又 21/40 的朔策，开始进入推步阶段。

朔是看不见的，只能由推算而来。不用说古代，就是现代，一般人不看历书也不知道哪一天是朔。所以，殷人不可能以朔为月首，连朔的概念都不存在。

冯时根据严一萍依乙酉月食所编的历谱，论证殷人以朔为月首，说："他们在看到残月消失之后，便可以从容地将第二天定为月首。"[①]此说颇为新颖，今稍作归纳于下：

《合集》11485 乙酉月食月首考

时历已知月日				公元前 1181	公元前 1227	时历月首
一月	（癸丑）	癸亥	（癸酉）	4 月 18 日甲辰朔	10 月 22 日甲辰朔	
二月	癸未	（癸巳）	癸卯	5 月 17 日癸酉朔	11 月 21 日甲戌朔	
三月		（癸丑）	（癸亥）	6 月 16 日癸卯朔 初二甲辰朏	12 月 20 日癸卯朔 初三乙巳朏	初二甲辰以后
四月	（癸酉）	（癸未）	（癸巳）	7 月 16 日癸酉朔	1 月 19 日癸酉朔	
五月	癸卯	（癸丑）	（癸亥）	8 月 14 日壬寅朔 初三甲辰朏	2 月 17 日壬寅朔 初二癸卯朏	初二癸卯以前
六月	（癸酉）	癸未	（癸巳）	9 月 13 日壬申朔	3 月 19 日壬申朔	
七月	（癸卯）	（癸丑）	（癸亥）	10 月 13 日壬寅朔	4 月 17 日辛丑朔	
八月	（癸酉）	癸未，乙酉夕月食	（癸巳）	11 月 11 日辛未朔	5 月 17 日辛未朔	

此次月食不外以上两个年份，但无论哪一年，可以考定的两个月首，都在朔朏之间。由于资料有限，尚难定论。况且《合集》11485 是一期卜辞，所反映的历法未必适用于后代。

古人的活动都在日间，殷人于事先占卜，也应都在日间。夕间占卜者甚少，故加记"夕"字，如"癸丑夕卜""甲子夕卜"等，黄天樹先生已举出 10 例[②]。由于不能预知朏日，日

① 冯时：《百年来甲骨文天文历法研究》，第 243 页，北京，中国社会科学出版社，2011。

② 黄天樹：《黄天樹古文字论集》，第 175 页，北京，学苑出版社，2006。

间占卜时只能记为上月，晚间见到新月后，次日占卜时始称下月。所以殷人虽以朏为月首，实际却在朏后一日。

如遇天色阴翳或观测不精，当晚未见新月，次日始见，则以朏后二日为月首，这也是正常现象。如果次日仍未见新月，则以朏后三日为月首，也是可能的。

晚殷以朏为月首者，在五期卜辞中，就个人所知，仅有1例，即《合》36482的帝辛十祀九月甲午，详见后节《帝辛十祀的历日问题》。

卜月卜辞

《合补》11249＋《合》36540：

甲午卜，贞，在𤞷天邑商皿宫，衣，□□亡祸？寧

乙丑卜，贞，在𤞷天邑商公宫，衣，兹月亡祸？寧。在九月。

甲午卜，贞，在𤞷天邑商公宫，衣，兹月亡祸？寧

□□□，□，□□天邑商公宫，衣，兹月亡祸？寧

癸巳卜，贞，□𤞷□邑商公宫，衣，兹月亡祸？寧

《合》36545

甲子□，□，□□□□□公宫，□，□□□□□

□□□，贞，在𤞷□□商公宫，□，□月亡祸□

《合补》11248：

癸巳卜，贞，在黄林𩿅□□□□天邑商公宫，衣，□□□□□

壬戌卜，贞，在𤞷天邑商公宫，衣，兹月亡祸？寧

辛卯卜，贞，在𤞷天邑商公宫，衣，兹月亡祸？寧

辛酉卜，贞，在𤞷天邑商公宫，衣，兹月亡祸？寧

辛卯卜，贞，在𤞷天邑商公宫，衣，兹月亡祸？寧

□未卜，贞，在□天邑商□宫，衣，兹□亡祸？寧

这里，𤞷是地名，皿宫、公宫是祖庙中的宫室名，衣是祭名。这是一组在每月首日合祭先祖並贞“兹月亡祸”的卜辞，有如春秋时的告朔，可以称为卜月卜辞。

它的时代，可以从以下两方面探讨：

一、从文例看

五期卜旬卜辞的通例是：癸×卜贞王旬亡祸，癸×王卜贞旬亡祸；卜夕卜辞的通例是：某日卜贞王今夕亡祸，或加贞卜地。贞卜皆服务于王。而卜月卜辞只贞亡祸，不提王，还遗留着二、三期的形式。

有贞卜地者，五期卜辞的通例是“在某贞”，而卜月卜辞作“贞在某”，也应是五期卜辞中之最早者。

二、月首的合天年份

连续9个月首，其中还有一个兼记月份，给我们探求其合天年份提供了重要依据。虽然相同或相近的月首，每5年或26年就出现一次，但在卜辞的大致年代确定之后，在殷人以朏为月首的条件下，它的年份只与公元前1132年相符。

卜月卜辞的合天年份

<table>
<tr><th colspan="2" rowspan="2">卜辞片号</th><th rowspan="2">公历年月</th><th colspan="2">天象</th><th colspan="2">时历</th></tr>
<tr><th>朔</th><th>朏（以晴天计）</th><th>朏（初见新月）</th><th>月首</th></tr>
<tr><td rowspan="3"></td><td rowspan="5">《合补》11249＋《合》36540</td><td>公元前1132年1月18日</td><td>辛卯 19^h32^m</td><td>癸巳</td><td>癸巳</td><td>甲午</td></tr>
<tr><td>2月17日</td><td>辛酉 13^h23^m</td><td>癸亥</td><td>甲子</td><td>九月乙丑</td></tr>
<tr><td>3月19日</td><td>辛卯 5^h32^m</td><td>壬辰</td><td>癸巳</td><td>甲午</td></tr>
<tr><td>《合》36545</td><td>4月17日</td><td>庚申 10^h22^m</td><td>辛酉</td><td>癸亥</td><td>甲子</td></tr>
<tr><td rowspan="6">《合补》11248</td><td>5月17日</td><td>庚寅 6^h41^m</td><td>辛卯</td><td>壬辰</td><td>癸巳</td></tr>
<tr><td rowspan="5"></td><td>6月15日</td><td>己未 15^h54^m</td><td>辛酉</td><td>辛酉</td><td>壬戌</td></tr>
<tr><td>7月14日</td><td>戊子 23^h54^m</td><td>庚寅</td><td>庚寅</td><td>辛卯</td></tr>
<tr><td>8月13日</td><td>戊午 7^h46^m</td><td>庚申</td><td>庚申</td><td>辛酉</td></tr>
<tr><td>9月11日</td><td>丁亥 16^h36^m</td><td>己丑</td><td>庚寅</td><td>辛卯</td></tr>
<tr><td>10月11日</td><td>丁巳 3^h01^m</td><td>戊午</td><td>[戊午]</td><td>[己未]</td></tr>
</table>

武乙十九祀建未，十九祀七月当公元前 1132 年冬至之月。

可能合天的年份，还有公元前 1142 年、1137 年、1127 年、1122 年等，但误差甚大，建正也不合，故不取。

由这一年份的确定，可知：

一、卜月卜辞，仅见于武乙中期卜辞，它是周祭制度创立之前短期行用过的一种制度。

二、这个时期的月首，率在朏后一日及朏后二日，个别在朏后三日。

四、说二癸月与四癸月

殷代的月首既明，接着就可以讨论二癸月与四癸月了。

先谈二癸月。

卜辞中有许多二癸月，它在晚期的直接证据是《合补》12849：十月癸丑、癸亥，十一月癸酉、癸未，十二月癸巳、癸卯、癸丑，十一月必是二癸月。又《合》37903＋《合补》12609，记三月癸卯，四月癸丑、癸亥，五月癸酉，证明四月是二癸月。

二癸月的出现是有条件的。大月 30 天，自然是 3 个癸日；小月 29 天，只有当月首在甲日时，这个月才是两个癸日。下面举例说明。

公元前 1060 年月首表(以冬至所在之月为一月)

月份	定朔	初二日落时的月亮高度	朏	月首	癸日
六月	5 月 1 日壬辰 8^h38^m	18°可见	癸巳	甲午	癸卯、癸丑、癸亥
七月	5 月 30 日辛酉 22^h37^m	8°不可见	癸亥	甲子	癸酉、癸未
八月	6 月 29 日辛卯 10^h55^m	10°可见	壬辰	癸巳	癸巳、癸卯、癸丑
九月	7 月 28 日庚申 21^h43^{mm}	3°不可见	壬戌	癸亥	癸亥、癸酉、癸未
十月	8 月 27 日庚寅 7^h32^m	6°不可见	壬辰	癸巳	癸巳、癸卯、癸丑
十一月	9 月 25 日己未 17^h08^m	4°不可见	辛酉	壬戌	癸亥、癸酉、癸未

说明：表中所列数据为理论值，不是时历的实际月首。表中定朔时刻，摘自张培瑜《中国先秦史历表》。

初二日落时月亮的地平高度，也已经刘次沅同志计算订正。下表同。

由表可知，这一年只有六、七两个月的首日为甲日，而六月是大尽，有 3 个癸日，只有七月是小尽，为二癸月。

在观象授时阶段，朏的观测，因天色阴翳或观测粗疏而误后一日的情况，是常有的，这时二癸月会错后一个月。连续两天未见新月也是可能的，此时，二癸月至少错后两个月。因此，二癸月的错后是不可避免的。甚至可能错后四五个月。

二癸月的出现是有规律的。因为每月平均 29.53 天，比 30 天少 0.47 天，所以经过 21 个月就会少 10 天(10÷0.47≈21)，必然少一个癸日。

二癸月的间隔并不固定都是 21 个月，由于日躔月离，它有±2 个月的波动。但在实践中，由于人们对朏的观测往往误后，因此它的波动范围还会更大。

下面谈四癸月。

四癸月在自然界是不存在的，因为一个朔望月不会超过 30 天。

由朔日计，月尽有连三大二小者，由朏日计，月尽有连四大三小者，但无论如何，一年 12 个月只有 354 天或 355 天，如果它有 37 个癸日，则这一年 12 个月至少须有 361 天，这是不可能的。所以任何一年的 12 个月都不会有 37 个癸日。

那么，卜辞中的四癸月是怎么来的呢？不外两种情况。

一种是观测误差。卜辞中的四癸月，只有在月首为癸日，本月又是大尽，对下月朏日的观测误后时，才会出现。举例于下：

公元前 1096 年月首表(以冬至所在月为一月)

月份	定朔	在正常情况下			若六月朏日未见新月		若七月朏日未见新月	
		朏日	月首	癸日	月首	癸日	月首	癸日
三月	壬戌 10^h35^m	癸亥	甲子	癸酉、癸未、癸巳	甲子	癸酉、癸未、癸巳	甲子	癸酉、癸未、癸巳
四月	壬辰 3^h38^m	癸巳	甲午	癸卯、癸丑	甲午	癸卯、癸丑	甲午	癸卯、癸丑
五月	辛酉 19^h19^m	壬戌	癸亥	癸亥、癸酉、癸未	癸亥	癸亥、酉、未、巳	癸亥	癸亥、癸酉、癸未
六月	辛卯 9^h08^m	壬辰	癸巳	癸巳、癸卯、癸丑	甲午	癸卯、癸丑	癸巳	癸巳、卯、丑、亥
七月	庚申 20^h48^m	壬戌	癸亥	癸亥、癸酉、癸未	癸亥	癸亥、癸酉、癸未	甲子	癸酉、癸未

通过对朏日及月首的考察可知：二癸月只能出现在以甲日为月首的时段之内。由观测误差所产生的四癸月，又只能发生在以癸日为月首的时段之内，也就是说，它只能出现在二癸月之后。

四癸月在卜辞中比较少见。如《合》26667，有七月癸巳，八月癸卯、癸丑、癸亥、癸酉，九月癸未，八月就是四癸月。又如《合》16644＋16649＋16660，有一月癸丑，二月癸亥、（癸酉）、癸未、癸巳，三月癸卯，四月癸酉、癸未，二月就是四癸月。这些四癸月，大概就是由观测误差而来的。

另一种是刻辞之误。

如《合补》10958："癸酉王卜，贞旬亡祸？王占曰引吉。在二月，甲戌祭小甲壹太甲。隹王八祀。"紧接着是三月癸未、三月癸巳、三月癸卯、三月癸丑，四月癸亥……。明确记载着三月有四个癸日。

为了分析这版卜辞，这里引入《合补》11002："癸未王卜，贞[旬亡祸]？王占曰吉。在[五月，甲申]壹祖甲。隹王七[祀]。"紧接着是五月癸巳、五月癸卯、六月癸丑。最后是"癸亥王卜，贞：旬亡祸？王占曰吉。在六月，甲子彡夕太乙。"

两版卜骨周祭顺序相符，当属同一王世。

从七祀六月首旬癸丑到八祀二月末旬癸酉，共计 9 个月，27 个癸日，中间并无二癸月。可见八祀三月不存在四癸月的条件，则此"三月癸丑"非观测之误，只能是误记。

卜辞中的二癸月与四癸月，对于排列殷代历谱有重要意义，因为它对有关月首有着严格的限制。如二癸月只能在而且必须在 21 个月左右出现一次，即二癸月既不可能两年不出现，也不可能一年出现两次。如果要纳入绝对年份，其月首还必须符合实际天象。所以二癸月是不能任意安排的。至于四癸月，其前后必有二癸月相伴，否则便是错刻。

五、帝辛历谱概述

晚殷历谱从帝辛入手

因帝辛资料比较丰富：

在具备年月日的青铜器中，铭文有"文武帝乙"或有"征人方"等，如卬其三卣、小臣艅犧尊、戍鈴方彝、坂方鼎、宰椃角。

十祀九月以下有连续 8 个月的征人方卜辞。

从廿祀五月起，连续 10 个月王在上䜌，只卜旬而无祭祀。

其余具备年月日的卜辞中，学者一致认为属于帝辛时的，还有《合》37835＋《合补》10950，《合》37855，《合》37852。

帝辛元年的范围

前已论述，晚殷三王合计 72 年，而文丁、帝乙都在 20 年以上，则帝辛最多 32 年。据宰椃角，帝辛至少有 25 年。今由公元前 1044 年殷亡计，帝辛元年当在公元前 1076—

1068 年之间。

文献中的帝辛年数

汉以前的文献並无殷代诸王的在位年数。晋魏间皇甫谧作《帝王世纪》(已佚，有辑本)，始依刘歆《世经》的克商之年(公元前 1122 年己卯)，提出了具体年数：文丁 3 年，帝乙 37 年，帝辛 33 年，灭于己卯。这些年数，并无可靠依据。《纪年》出土后，学者以其不合正史，未得利用。宋代邵雍作《皇极经世书》，刘恕作《通鉴外纪》，金履祥作《通鉴前编》，仍从皇甫谧之说。直至明人作《今本纪年》，才做了调整：文丁 13 年，帝乙 9 年，帝辛 52 年，灭于辛卯，仍属臆断。

当代学者也提出不少方案，其帝辛年数为：

吴其昌 52 年，灭于公元前 1122 年

董作宾 63 年，灭于公元前 1112 年

丁　山 22 年，灭于公元前 1029 年

陈梦家 33 年、23 年，灭于公元前 1027 年

岛邦男 33 年，灭于公元前 1122 年

这些方案，都因当时资料及认识的限制，殷亡之年不当，而难以成立。

曹定云的帝辛年数

曹定云研究员的《殷代积年与各王在位年数》(《殷都学刊》1999 年 4 期)，肯定了《今本纪年》的晚殷三王总年数 74 年，以此为据，重新分配：文丁 22 年、帝乙 20 年、帝辛 32 年。这里先看一下它的前提条件：

《今本纪年》的晚殷三王年数表

殷年	周年
文丁十一年　杀季历	
文丁十三年 陟	文王二年
帝乙九年 陟	文王十一年
帝辛四十一年 西伯昌薨	文王五十二年卒
帝辛五十二年庚寅 周始伐商	武王十一年
公元前 1050 年	武王十二年辛卯 败之坶野

《今本纪年》是伪作，以文王五十二年卒，武王十二年(公元前 1050 年)杀纣，并无依据，难可尽信。

徐凤先的帝辛年份

徐凤先博士的《商末周祭祀谱合历研究》，提出了殷末三王年份的新说，以公元前 1075 年冬至前 1 月为帝辛元祀正月。虽然逻辑严密，但前提条件缺乏根据。她说，帝辛时岁首

建子、建亥，不许有十四月，月首为朔(而实际排在上月晦日至本月初三之间)，祀谱中廿祀王在上𩃬的诸多卜辞也未能排入，恐怕难被学界认可。

帝辛年份的两个方案

根据已知为帝辛时的历日及周祭资料，在不同建正的 9 个方案中，筛选出可能的帝辛元年有二。这里仅就帝辛征人方时这两个方案中若干历日的合天情况作一介绍：

《合》37852：九祀二月乙亥

《合》37856：十祀十月甲午

《合补》11236：十一祀二月癸巳

由九祀二月乙亥到十祀十月甲午，计 620 天，整 21 个月。则乙亥必为月首，甲午必为月末。由十祀十月甲午到十一祀二月癸巳，计 119 天，相距 4 个整月，则癸巳也必为月末。

筛选出的两个方案比较

	九祀二月乙亥	十祀十月甲午	十一祀二月癸巳
以公元前 1070 年巳月为帝辛一祀正月	九祀(建巳)二月壬申 $22^{h}33^{m}$朔，初三甲戌朏，次日乙亥为二月首日	十祀(建巳)十一月癸巳 $1^{h}04^{m}$朔，初二甲午朏，于时历为十月末日	十一祀(建巳)三月辛卯 $10^{h}55^{m}$朔，初二壬辰朏。初三癸巳始见新月，于时历为二月末日
以公元前 1075 年辰月为帝辛一祀正月	九祀(建辰)二月壬申 $6^{h}05^{m}$朔，初二癸酉朏，初四乙亥，可通	十祀(建辰)十一月壬辰 $21^{h}40^{m}$朔，初三甲午朏，于时历为十月末日	十一祀(建卯)三月庚寅 $7^{h}39^{m}$朔，初二辛卯朏，初四癸巳。只有在辛卯、壬辰都未见到新月时，癸巳才可在二月

比较起来，1070 方案全合。1075 方案勉强可通，须要进一步探讨。

帝辛元年的确定

1070 方案帝辛元年是正月庚申朔，1075 方案是正月己未朔，两个方案正月都有癸亥、癸酉、癸未，而二祀六、七月间有一个二癸月，则帝乙末年也必有一个二癸月，其正月当有癸酉、癸未、癸巳。(如有闰月，则为癸卯、癸丑、癸亥)

前面第一章已经论证，《合》37867 是帝乙廿祀贞人泳的卜甲，它可与《合补》10951、12891 及 11003 等缀合(见中国先秦史网站 2014.7.2. 王恩田：周祭卜甲复原第八组)，从廿祀六月甲午翌工典到正月甲申祭祖甲，其正月为癸亥、癸酉、癸未。廿一祀正月的这些日辰不同于帝乙末年，可见帝乙大于廿一祀。

已知晚殷三王的总年数是 72 年，由公元前 1044 年克商计，文丁元年为 1116 年，如果帝辛元年是 1075，则文丁、帝乙两世只剩 1116－1075＝41 年，而文丁至少 20 年，帝乙至少 22 年，这两世至少已 42 年，年数不符，故确定帝辛元年为公元前 1070 年。

帝辛十祀的历日问题

在帝辛十祀征人方的卜辞中，《合》36482的历日最难安排。它是：

甲午王卜，贞乍余酚朕禾，酉余步从侯喜征人方。……告于大邑商，亡巷？在祸。王占曰：吉。在九月，遘上甲壹，隹十祀。

与它的历日有关的卜辞还有：

《合》37856：“甲午卜，在眉，贞□从东，叀今日弗每。在十月，兹御，王征[人方]，隹十祀。”

《合》36825：“甲子[王卜]在危……亡灾，[在]十[月又二]。己巳王卜，在危，贞今日步于攸，亡灾？在十月又二。”

《合》41757：“甲午王卜，在灊睐，贞今日步于糧，亡灾？在十月二，隹十祀，彡。”

《合补》11232，征人方有：十二月癸未、癸巳，来征人方有：正月癸卯、癸丑、癸亥，二月癸未、癸巳，三月[癸卯]。其中二月癸巳条为“癸巳王卜，贞，旬亡祸？在二月，王来征人方，在亮，雷孝商啚。”

《合》36751第四条云：“癸巳卜，在亮，贞王迖雷，往来亡灾？于自北。”

《合》41754第一条云：“癸巳卜，在亮，雷孝商啚，泳贞，王旬亡祸？隹来征人方。”

以上7条，可以归纳为一组历日。简单表述为：

九月甲午：九月首日。十月甲午：十月末日。九、十两月共61天。

十二月甲子，十二月首日，甲午，末日。是十一月廿九天，十二月31天。

二月癸巳：二月末日。正、二两月共59天。

问题在于：九、十两月共61天，尤其是从九月甲午到来年二月癸巳，六个月共180天，即便其间有4个连大月，也无法安排。

只有九月以朏为月首时，这些问题才能得到圆满的解释。该版卜辞应是甲午昼间所卜，晚间见到新月后，知道已进入九月，又补刻了“在九月”以下10字。卜辞有无此例，还请学者批评。表述如下：

帝辛十祀月首表

年月		天象(公历)			时历	
公元前1060年	时历	朔	初二月高	朏	朏	月首　月尽
冬至月	十祀八月	12月4日甲子 1^h27^m	12°可见	乙丑	乙丑	丙寅 28天
二月	九月	1月2日癸巳 16^h26^m	10°可见	甲午	甲午	甲午 31天
三月	十月	2月1日癸亥 8^h32^m	16°可见	甲子	甲子	乙丑 30天
四月	十一月	3月3月癸巳 1^h04^m	21°可见	甲午	甲午	乙未 29天
五月	十二月	4月1日壬戌 17^h19^m	12°可见	癸亥	癸亥	甲子 31天
六月	十一祀正月	5月1月壬辰 8^h38^m	18°可见	癸巳	误后一日甲午	乙未 29天
七月	二月	5月30日辛酉 22^h37^m	8°不可见	癸亥	癸亥	甲子 30天
八月	三月	6月29日辛卯 10^h55^m	10°可见	壬辰	误后一日癸巳	甲午

帝辛十祀年份两个方案的比较

卜辞历日	本文：以公元前 1061 年建巳之月为十祀正月。以朏之明日为月首	徐凤先：以公元前 1066 年冬至之月为十祀正月。以朔为月首
合 36482 九月甲午	九月癸巳 16^h26^m 朔，甲午朏。九月朏于时历为八月末日，此作九月，误后一日	九月乙未 4^h52^m 朔。甲午为八月末日，此作九月，误后一日
合 37856 十月甲午	十一月甲午朏，于时历为十月末，合	甲午为十一月朔，此作十月，误前一日
合 36825 十二月甲子	十二月壬戌朔，癸亥朏，次日甲子为九月首，合	十二月甲子朔，合
合 41757 十二月甲午	正月壬辰朔。癸巳朏，未见新月，次日甲午始见，遂以为甲午朏，于时历为十二月末日，合	正月癸巳朔，二日甲午，此作十二月，误前二日
合补 11232 二月癸巳	三月辛卯朔。壬辰朏，未见新月，次日癸巳始见，遂以为癸巳朏，于时历为二月末日，合	三月壬辰朔，二日癸巳，此作二月，误前二日

以上五条历日，本文方案有一条不合：殷人以朏之明日为月首，此条以朏为月首，应是特例。徐凤先方案有四条不合，其中两条以先朔二日为月首，颇难解释。

六、文丁、帝乙年份

帝乙年份

在第一章中已经论证，《合》37867 是帝乙廿祀的卜甲。

由于晚殷三王总共 72 年，除去帝辛 26 年，及文丁至少 20 年，则帝乙最多为 26 年，帝乙 20 年只能在帝辛元年(公元前 1070 年)以前的 7 年之内。

这 7 年中，适合《合》37867 的历日(即单月有癸亥、癸酉、癸未，双月有癸巳、癸卯、癸丑)者，只有一年，即公元前 1075 年，是年建午之月为帝乙廿祀正月。

若以公元前 1076 年建午之月为帝乙廿祀正月，虽然与《合》37867 的多数历日相符，但六月癸巳难通。因癸巳是六月朏日(是月辛卯 23^h39^m 合朔，三日癸巳朏)，而新月是傍晚才出现的，昼间占卜时，只能称五月，傍晚见到新月后，次日甲午始称六月。所以公元前 1076 年无六月癸巳，与《合》37867 不能相容。若是此年建申，虽然历日可合，但不能与帝辛元祀建巳衔接，也不可通。所以帝乙廿祀只能在公元前 1075 年。

由此可定帝乙元祀为公元前 1094 年，立 24 年卒。

由于周祭典礼必须时王亲自主持，也就随着时王之死而中断。至新王元年，从翌工典重新开始。故王世之间周祭顺序不能连续。

文丁年份

卜辞中有8个年份可以连续的周祭资料，它们是：

《合》37836， 二祀四月癸未彡日自上甲……

《合补》10963，三祀六月甲午彡羌甲等8条

《合补》10943，三祀十一月甲戌祭工典等6条

《合补》11666＋《英》2568，四祀四月癸巳彡日自上甲……

《合》37844， 五祀九月癸卯翌日自上甲……

《合》37845， 六祀十二月甲申翌祖甲

《合补》11002，七祀五月甲申壹祖甲等5条

《合补》10958，八祀二月甲戌祭小甲等7条

《合补》10976，八祀七月甲辰彡戋甲等3条

《拾遗》，九祀十月癸丑翌日自上甲……

这一大组，许进雄祀谱称为第一组，常玉芝称为第二祭祀系统，两家都断为帝乙之世。

然而由本文所排定的帝乙年份来看，这一大组卜辞，与帝乙三祀、六祀、八祀的历日都不符，以帝乙三祀为例：

据《合补》10963，三祀的历日为：六月癸巳、癸卯，七月癸丑、癸亥、癸酉，八月癸未、癸巳、癸卯。而本文所排帝乙三祀(公元前1092年)全年各月的历日，都是癸卯、癸丑、癸亥，或癸酉、癸未、癸巳。与《合》10963不能相容。故将这一大组断入文丁之世。

周祭历谱的安排，要受两方面的限制。不但祀典的种类和先王庙号要符合周祭祀序，而且月日也须符合天象。因此，具有年份的资料就有更强的限制性，尤其是连续8年的资料，不是任何年份都可以纳入的。

这一大组，由于有连续8年历日的限制，文丁元祀只能排在公元前1116年，而且须以建巳之月为正月，提前一年乃至十年都是排不成的。

据此，文丁元年为公元前1116年，立22年卒。帝乙元年为公元前1094年，立24年卒。帝辛元年为公元前1070年，立26年，至公元前1044年而亡。三王总年数为22＋24＋26＝72年，与本篇第二章由文献所计者一致。

七、周祭制度创于武乙后期

在黄组周祭卜辞中，有《合补》10986＋《合》38306，《合》35541＋36894＋41775等30片(缀合者以1片计)不能排入文丁、帝乙、帝辛三世。

以《合补》10986为例，此片记“七月甲寅彡工典”，而晚殷三王的彡工典，文丁在二月至

六月，帝乙在正月至五月，帝辛在十一月至正月，都不能纳入。而且，这30片周祭卜辞，又都可以排入文丁之前的12年之内。所以它们应是武乙之物。可知周祭制度创于武乙后期。

祖庚祖甲时已出现周祭的雏型，出组卜辞有翌父丁、祭小乙、壹小丁、㞢父丁、彡父丁、彡兄己，当时父兄俱在周祭之列，与定型的周祭制度不同。周祭制度止于康丁，自是康丁之子武乙所创。至于康丁奭妣辛，则应是文丁时才加入的。

八、其他有助于断代的资料

晚殷的贞人

五期卜辞屡见贞人㣺和贞人泳，㣺用骨卜，泳用甲卜，二人所卜周祭月份大都不能相交，当不在同一时代。贞人泳用事在帝乙、帝辛之间，贞人㣺用事当在文丁、帝乙之间。卜辞所见还有贞人今、黄、立，年份可考者如下：

晚殷贞人表

卜辞片号	贞人	卜辞内容	拟定年份
35650	㣺	正月甲戌祭戋甲	文丁3祀
35757＋38276	㣺	八月甲子彡阳甲，癸酉……，甲甲彡。九月癸巳，癸卯，癸丑	文丁6祀
35402	㣺	甲寅翌上甲，十月癸亥，十月甲戌翌太甲，十月甲申翌小甲	文丁6祀
《英》2508	今	十月甲申翌小甲	文丁6祀
35588＋35758	㣺	五月甲寅彡小甲，六月甲午彡阳甲，六月癸卯，七月癸丑	文丁13祀
35645	㣺	十月甲午翌戋甲，十月甲辰翌羌甲	文丁16祀
《续补·甲》6·399	㣺	五月癸亥，癸酉，五月癸未，六月甲午翌工典，六月甲辰翌上甲	文丁17祀
《补》10949	今	正月甲寅壹上甲，正月，二月甲戌壹太甲	帝乙3祀
35749	㣺	二月甲午㞢小甲，三月甲辰[祭]羌甲，三月甲子壹阳甲，[四]月甲戌祭祖甲	帝乙3祀
35891，35657	㣺	二月甲辰㞢祖甲，二月甲寅彡工典，四月甲寅彡戋甲，五月甲子彡羌甲	帝乙10祀
38677 ＋ 35397 ＋ 35658 ＋ 35755 ＋ 35896＋38261	泳	三月[甲]子酌[彡上甲]，四月甲寅彡戋甲，五月[甲戌彡]阳甲，六月甲午彡祖甲，甲寅翌工典，七月甲戌翌上甲	帝乙10祀

续表

卜辞片号	贞人	卜辞内容	拟定年份
《补》12921	徿	六月癸卯，甲寅翌工[典]，七月甲子翌工典，癸酉	帝乙 10 祀
38305	徿	十月甲子工典其妹	帝乙 13 祀
37867＋《补》10951等	泳	廿祀六月甲午翌工典，六月甲寅翌上甲，甲戌翌太甲，八月癸巳，八月甲寅翌羌甲，九月癸酉。[十一月]甲戌劦上甲	帝乙 20 祀
《补》11003	泳	正月甲戌壹阳甲，正月甲申祭祖甲	帝乙 21 祀
36487	黄	九月癸亥征人方在雇	帝辛 10 祀
36442，41762	立	壬午在舊，癸未在舊步于淢，乙酉在淢步于淮……	帝辛 10 祀
36484	黄	十二月癸巳征人方，正月癸卯来征人方	帝辛 10，11
36490＋36494＋《补》12877＋41754	泳	癸亥在雈征人方，癸巳在瀉餗，癸亥在攸，癸酉在攸来征人方，癸巳在亮雷孝商啚，癸丑在𩵋，癸酉在云奠河邑	帝辛 10，11
36823	黄	癸酉在攸	帝辛 10 祀
36505	黄	癸卯来征人方	帝辛 11 祀
36496	黄	癸未王来征人方	帝辛 11 祀
36867＋36848＋36874	泳	十二月癸卯，十二月癸亥，正月癸未，二月癸卯，在上𩫖	帝辛 20，21

个别文字形体之异

五期卜辞的月字，通作D，间或作D。作D者不完全统计有 96 片（数片缀合者以 1 片计），多数见于王卜辞，其中年份可知者 29 片，都在帝乙十三祀至帝辛十七祀之间。应是这一期间某一刻手的字体。但殷代同时有多位贞人多位刻手，这个时期的王卜辞，并非都是此人所刻，如帝辛十祀十一祀征人方卜辞及《合》38246、41840、《合补》12682、13423等。

王卜辞之D字，见于周祭者，大都有占辞，见于卜旬者，少数有占辞，其占辞率为大吉。

五期卜辞月字形体之异

王卜辞月字作☽者							非王卜辞月作☽者	
片号	内容	年份	片号	内容	片号	内容	片号	内容
合 35644	周祭	帝乙 13	合 37464	田猎	补 11471	游迖	合 36645	游迖
合 35583	周祭	帝乙 13	合 37492	田猎			合 36677	游迖
合 41717	周祭	帝乙 14	合 37634	田猎	补 11264	游迖	合 36689	游迖
合 35748	周祭	帝乙 14	合 37873	卜旬	补 11296	田猎	合 37429	游迖
合 36928	周祭	帝乙 14	合 37886、87	卜旬	补 12733	卜旬	合 37932	卜旬
合 35885	周祭	帝乙 14	合 37889	卜旬	补 12760	卜旬	合 37634	田猎
合 35414	周祭	帝乙 14	合 37892	卜旬	补 12866	卜旬	合 37949	卜旬
合 35641	周祭	帝乙 15	合 37894	卜旬	补 12923	卜旬	合 37979	卜旬
补 11038	周祭	帝乙 15	合 37897	卜旬			合 37980	卜旬
补 10942	周祭	帝乙 15	合 37904	卜旬			合 37982	卜旬
合 36620＋37926	游迖	帝乙 16	合 37911、12	卜旬			合 37985	卜旬
补 12711	卜旬	帝乙 16	合 37917＋39331	卜旬			补 11468	卜旬
合 41696	周祭	帝乙 18	合 37925、26	卜旬			补 11542	卜旬
合 35656	周祭	帝乙 21	合 37930	卜旬			补 12841	卜旬
合 37903	周祭	帝辛 4	合 37936	卜旬			京人 2917＋39128	卜旬
补 12682	游迖	帝辛 5	合 37940	卜旬			补 12841	卜旬
补 12927	周祭	帝辛 7	合 37943－37949	卜旬				
补 10964	周祭	帝辛 7	合 37955	卜旬				
补 10969＋合 35700	周祭	帝辛 7	合 37957	卜旬				
合 37871	周祭	帝辛 7	合 37965	卜旬				
补 12813	卜旬	帝辛 10	合 37975	卜旬				
合 41839	卜旬	帝辛 10	合 37978－37981	卜旬				
合 36489	周祭	帝辛 10	合 37983、84	卜旬				
补 11001，11293	周祭	帝辛 12	合 41848	卜旬				
补 12916	周祭	帝辛 13						
合 35648	周祭	帝辛 16						
合 35655	周祭	帝辛 17						
合 35426	周祭	帝辛 17						

引吉与大吉

殷卜辞常有占辞“吉”或“引吉”“大吉”，五期则置于“王占曰”之后。

据不完全统计，五期占辞之称“引吉”者 26 片，在已知年份的 13 片中，只有《合》36482(远征前)属帝辛时，其余 11 片皆在文丁以前。称“大吉”者 56 片(缀合者以一片计)，在已知年份的 39 片中，只有《合补》10976 属文丁时，其余 38 片都在帝乙十三祀至帝辛十七祀之间。

由此可知，文丁以前习用引吉，帝乙以后习用大吉。它对卜辞的断代也有参考价值。

九、正文

凡例

历谱以冬至之月为子月，标明公元年份，以定建正。

殷人以朏之明日为月首，由于我不会精确计算朏日，而且朏的观测往往因天色阴翳而误后一日甚至二日，因此表中的朏日容有误差，故在二癸月前后标明朏日，以便调整月首。

祭祀栏内符号○，表示37旬型周期所增加的闰旬。

材料出处栏内的数字为《甲骨文合集》片号，冠以“补”字者为《甲骨文合集补编》片号，冠以“缀”字者为《甲骨缀合编》编号。

甲骨文、金文有年份者，用粗体字显示。

36旬型祭祀周期表

旬序	祭祀	旬序	祭祀			旬序	祭祀
1	翌工典	12	祭工典			25	彡工典
2	翌上甲	13	祭上甲	壹工典		26	彡上甲
3		14		壹上甲	劦工典	27	
4	翌太甲	15	祭太甲		劦上甲	28	彡太甲
5	翌小甲	16	祭小甲	壹太甲		29	彡小甲
6		17		壹小甲	劦太甲	30	
7	翌戋甲	18	祭戋甲		劦小甲	31	彡戋甲
8	翌羌甲	19	祭羌甲	壹戋甲		32	彡羌甲
9	翌阳甲	20	祭阳甲	壹羌甲	劦戋甲	33	彡阳甲
10		21		壹阳甲	劦羌甲	34	
11	翌祖甲	22	祭祖甲		劦阳甲	35	彡祖甲
		23		壹祖甲		36	休息旬
		24			劦祖甲		

说明：以上是许进雄、常玉芝所定的36旬型周期，用甲名先王来表示。若是37旬型，则加一闰旬，闰旬一般置于工典之次旬，偶有例外。

先王先妣祀序表

1旬	上甲，报乙，报丙，报丁，示壬，示癸
2旬	太乙，太丁，示壬奭妣庚
3旬	太甲，示癸爽妣甲，外丙，太乙爽妣丙，太丁奭妣戊，太庚，太甲奭妣辛，太庚奭妣壬
4旬	小甲，太戊，雍己，太戊奭妣壬
5旬	仲丁，仲丁奭妣己，外壬，仲丁奭妣癸
6旬	戋甲，祖乙，祖乙奭妣己，祖乙爽妣庚，祖辛
7旬	羌甲，祖辛奭妣甲，祖丁，祖丁奭妣己，南庚，祖丁奭妣庚
8旬	阳甲，盘庚，小辛
9旬	小乙，武丁，祖己，祖庚，小乙奭妣庚，武丁奭妣辛，武丁奭妣癸
10旬	祖甲，康丁，武丁奭妣戊，祖甲奭妣戊，康丁奭妣辛

续表

日辰	月份	周祭	出处		
癸丑					
癸亥					
癸酉					
癸未					
癸巳					
癸卯					
癸丑					
癸亥					
癸酉					
癸未					
癸巳					
癸卯	武乙				
癸丑	廿四祀				
癸亥	建未				
癸酉					
癸未	二月				
癸巳					
癸卯		（祭工典）			
癸丑	三月				
癸亥					
癸酉					
癸未	四月				
癸巳					
癸卯					
癸丑	五月	在霍甲寅祭羌甲壹戋甲			
癸亥		甲子祭阳甲壹羌甲劦戋甲			
癸酉		在霍			
癸未	六月	在霍甲申祭祖甲劦阳甲	35699＋35887＋38306		
癸巳		在霍甲午壹祖甲	许进雄缀		
癸卯	公元前	［癸］卯在梌			
癸丑	1127 年	在单甲寅工典其彭彡			
癸亥					
癸酉		癸酉在渪	35541＋36894		
癸未	八月	在渪甲申彡太甲	＋ 41775 林宏明缀	补 12732	36431
癸巳		在渪东兆	36780		36432＋辑佚 700 林宏明缀
癸卯		在渪东兆	36897		41778

续表

日辰	月份	周祭	出处					月份	周祭	出处	
癸丑	癸巳肋	在霍甲寅彡戋甲	35661								
癸亥	九月	在霍[甲子]彡羌甲	+	补 12732	①	36780	36784				
癸酉	壬戌肋	癸酉在望	35705			+		九月			
癸未	十月	癸未在澈	+	补 12640		36906	36756				
癸巳		癸巳	39178			+					
癸卯	壬辰肋	癸卯	门艺缀			36831		十月			
癸丑	十一月	甲寅工典其幼②	拾遗 573			光琦缀			(翌工典)		
癸亥		癸亥							○		
癸酉	十二月							十一月			
癸未											
癸巳									甲午翌太甲	35526	
癸卯	十三月							十二月	甲辰翌小甲		35574
癸丑									癸丑		
癸亥	武乙	甲子翌羌甲	35693					武乙	甲子翌戋甲		
癸酉	廿五祀							廿六祀			
癸未	建未							建未			
癸巳											
癸卯	二月	(祭工典)						二月			
癸丑									(祭工典)		
癸亥											
癸酉	三月							三月			
癸未											
癸巳									甲午祭小甲	35577	
癸卯	四月							四月	甲辰壹小甲劦太甲	+35582	
癸丑									甲寅祭	+37909	
癸亥									甲子	殷德昭、	
癸酉	五月							五月	甲戌祭阳甲壹	门艺缀	
癸未									癸未		
癸巳											
癸卯	公元前							公元前			
癸丑	1127 年	(彡工典)						1026 年			
癸亥									(彡工典)		
癸酉	七月							七月			
癸未											
癸巳	八月							八月			
癸卯											

① 合 36757+辑佚附 67+36782。张宇衛缀

②《拾遗》573:〔 〕丑卜,〔 〕南兆鍊,贞王旬亡祸,甲寅工典其幼其翌。

续表

日辰	月份	周祭	出处	月份	周祭	月份	周祭	出处	月份	周祭	出处
癸丑											
癸亥	壬子朏 九月			九月		九月			九月		
癸酉										甲戌彡戋甲	35662
癸未						十月			十月	甲申彡羌甲	+35703
癸巳	十月			十月							光琦缀
癸卯										癸卯	35897
癸丑						十一月			癸巳朏 十一月	甲寅彡祖甲	+京人
癸亥	十一月	（翌工典）		十一月	（翌工典）		（翌工典）			十一月［癸亥］	2927①
癸酉										（翌工典）	
癸未						十二月			癸亥朏 十二月		
癸巳	十二月			十二月							
癸卯						武乙			癸巳朏		
癸丑	武乙			武乙		廿九祀			卅祀		
癸亥	廿七祀			廿八祀		建午			建巳		
癸酉	建未	［甲戌］翌日		建午					壬戌		
癸未		甲甲翌阳甲				二月			二月		
癸巳	二月	癸巳	35741	癸酉朏 二月							
癸卯		［甲辰］翌祖甲							三月		
癸丑		癸丑（祭工典）		癸卯朏	（祭工典）	三月	（祭工典）				
癸亥	三月	甲子𦥑祭上甲	35410	三月						（祭工典）	
癸酉									四月		
癸未				壬申朏 四月		四月					
癸巳	四月	甲午祭小甲									
癸卯		甲辰壹小甲𠷎太甲	35576						五月		
癸丑		甲寅祭戋甲𠷎小甲		壬寅朏 五月		五月				甲寅壹小甲𠷎太甲	
癸亥	五月									甲子祭戋甲𠷎小甲	41703
癸酉									六月	甲戌祭羌甲壹戋甲	
癸未				辛未朏 六月		六月					
癸巳	六月										
癸卯									七月		
癸丑				公元前 1123年		七月					
癸亥	公元前 1124年	（彡工典）			（彡工典）		（彡工典）				
癸酉							○		公元前 1121年	（彡工典）	
癸未				八月		公元前 1122年					
癸巳	八月								九月		
癸卯											

① 林宏明缀 161：合 35897+京人 2927

续表

日辰	月份	周祭	出处	月份	周祭	出处	月份	周祭	出处
癸丑									
癸亥		癸亥		壬子朏			十月		35663＋
癸酉	十月	癸酉	37961	十月				甲戌彡戋甲	補 11472
癸未		癸未	＋35759						
癸巳		甲午彡阳甲	张宇卫缀	壬午朏			十一月	甲午[彡]阳甲	
癸卯	十一月			十一月					
癸丑									
癸亥				辛亥朏			十二月		35764
癸酉	十二月	（翌工典）		十二月	（翌工典）			（翌工典）	
癸未				武乙				○	
癸巳	武乙			卅二祀			十三月	[甲]午[翌]上甲	
癸卯	卅一祀			建巳					
癸丑	建巳						武乙		
癸亥				二月			卅三祀		
癸酉	二月						建巳		
癸未									
癸巳				三月			二月		
癸卯	三月								
癸丑									
癸亥		（祭工典）		四月	（祭工典）		三月		
癸酉	四月							（祭工典）	
癸未									
癸巳				五月			四月		
癸卯	五月								
癸丑									
癸亥				六月			五月		
癸酉	六月								
癸未					甲申祭阳甲…戋甲	35750	甲戌朏		
癸巳				七月			六月		
癸卯	七月								
癸丑					八月癸丑	35893	癸卯朏		
癸亥				八月	甲子劦祖甲		七月		
癸酉	公元前1120年	（彡工典）			（彡工典）				
癸未				公元前			壬申朏	（彡工典）	
癸巳	癸未朏			1119 年			公元前		
癸卯	九月						1118 年		

续表

日辰	月份	周祭	出处	月份	周祭	出处	月份	周祭	出处
癸丑	壬寅朏								
癸亥	九月			九月					
癸酉							十月		
癸未	十月			十月					
癸巳									
癸卯							十一月		
癸丑	十一月			十一月					
癸亥									
癸酉							十二月		
癸未	十二月	（翌工典）		十二月	（翌工典）				
癸巳									
癸卯	武乙			武乙			十三月		
癸丑	卅四祀			卅五祀					
癸亥	建巳			建巳			文丁		
癸酉							一祀		
癸未	二月			癸亥朏			建巳		
癸巳				二月					
癸卯				癸巳朏			二月		
癸丑	三月			三月					
癸亥									
癸酉		（祭工典）		壬戌朏	（祭工典）		三月		
癸未	四月			四月					
癸巳									
癸卯				壬辰朏			四月		
癸丑	五月			五月					
癸亥									
癸酉				壬戌朏			五月		
癸未	六月			六月					
癸巳									
癸卯				七月			六月		
癸丑	七月								
癸亥									
癸酉	公元前			八月			七月	（翌工典）	
癸未	1117 年	（彡工典）			（彡工典）				
癸巳				公元前			公元前		
癸卯				1116 年			1115 年		

续表

日辰	月份	周祭	出处	月份	周祭	出处	出处	月份	周祭	出处
癸丑	九月			公元前1114年				癸卯朏公元前1113年		
癸亥										
癸酉										
癸未				十月	甲申翌羌甲	35694＋35411王恩田缀第二组		壬申朏十月		
癸巳	十月									
癸卯					十月癸卯					
癸丑				十一				壬寅朏十一月	十口月癸丑	35883
癸亥	甲寅朏十一月	（祭工典）			癸亥（祭工典）				甲子翌祖甲	
癸酉					○				**甲戌妹工典其𦥑**	补 **10943**
癸未				十二	甲申𦥑酌祭上甲		35697＋35702＋35580＋补11700＋35908＋辑佚861光琦缀	辛未朏十二月	**甲申𦥑酌祭上甲**	
癸巳	癸未朏十二月								**甲午壴上甲**	
癸卯					癸卯				**甲辰祭太甲𠭰亩**	
癸丑				**文丁三祀建辰**				辛丑朏**四祀**①	**甲寅祭小甲壴朩**	
癸亥	癸丑朏**文丁二祀**				甲子壴小甲［𠭰］太甲				［甲］子…𠭰…	
癸酉					甲戌祭戋甲𠭰［小甲］	35650		二月		
癸未				二月	二月祭羌甲［壴戋］甲					
癸巳	壬午朏二月									
癸卯					二月壴［阳甲𠭰］羌甲			三月		
癸丑	辛亥朏三月			三月						
癸亥					甲子［壴］祖甲	35907＋补10962＋35590王恩田缀第二组				
癸酉		（彡工典）			甲戌𠭰祖甲			四月		
癸未	辛巳朏四月	**癸未…酌彡日自上甲至**	**37836**	四月	工［典其酌］		补10948		（彡工典）	**37841**② 英2568＋补11666
癸巳					甲午彡上甲				**癸巳…其酌彡日自上甲…在四月**	
癸卯					四月癸卯				○	
癸丑	五月			五月	甲寅彡太甲			五月	五月癸丑	
癸亥		五月癸亥	37914＋35659王恩田缀		甲子彡小甲				甲子彡太甲	
癸酉		甲戌彡戋甲			五月癸酉			六月	甲戌彡小甲	35589
癸未	六月			六月					六月癸未	
癸巳					**甲午彡羌甲**	补 **10963**			甲午彡戋甲	
癸卯					**甲辰彡阳甲**			七月	甲辰彡羌甲	
癸丑	七月	甲寅口祖甲	35909	甲辰朏七月	**七月癸丑**				**甲寅［彡］日阳甲**	**37839**
癸亥					**甲子彡祖甲**				癸亥	补11000＋11043门艺缀
癸酉		（翌工典）			**七月癸酉**			八月	甲戌彡祖甲	
癸未	八月			癸酉朏八月	**甲申工典其幼**		35398		癸未	
癸巳					**甲午翌上甲**				癸巳（翌工典）	
癸卯					**癸卯**				甲辰翌日	

① 文丁三祀十月壬申、十一月壬寅未见新月；十二月辛未、壬申，四祀正月辛丑、壬寅，皆未见新月，故次日仍属上月。

② 合 37841：“□巳王卜贞，其…于多毓，衣…月，隹王四祀。” 合补 11666＋英 2568，林宏明缀。

续表

日辰	月份	周祭	出处	月份	周祭	出处	月份	周祭	出处		
癸丑	公元前1112年	癸丑	补11043				公元前1110年	甲寅翌上甲	35402		38276
癸亥			35573+北大藏1370张宇衛缀					十月癸亥			
癸酉		甲戌翌小甲		公元前1111年				甲戌翌太甲			
癸未	十月	癸未						甲申翌小甲			
癸巳											
癸卯				十一月			十一月	甲辰翌戋甲	35647		
癸丑	十一月							甲寅翌羌甲	35695		
癸亥								甲子翌阳甲			
癸酉				十二月			十二月	十二月癸酉		37845	
癸未	十二月	癸未(祭工典)			(祭工典)			甲申翌祖甲			英2508+35745+補12872+38259+35911王恩田缀
癸巳		甲午祭上甲	35412+38260殷德昭缀					甲午酌妹工典	38304		
癸卯		甲辰壹上甲工典其劦		文丁六祀建卯			文丁七祀建卯	癸卯			
癸丑	文丁五祀建辰							甲寅壹上甲			
癸亥								甲子祭太甲劦上甲			
癸酉				二月			癸丑朏二月	[甲戌]祭口口	35421+35581		
癸未	二月							甲申壹小甲濩劦大			
癸巳							癸未朏三月	甲午祭戋甲劦小甲			
癸卯				三月				甲辰祭羌甲壹戋甲			
癸丑	三月									37893	
癸亥							壬子朏四月				
癸酉				四月							
癸未	四月							甲申壹祖甲			
癸巳		(彡工典)			(彡工典)		壬午朏五月	甲午濩祖甲			
癸卯				五月	○			甲辰彡工典	补11002		
癸丑	五月							甲寅彡上甲			
癸亥							壬子朏六月	甲子彡夕太乙			
癸酉				六月							
癸未	甲子朏六月										
癸巳							七月				
癸卯				七月							
癸丑	癸巳朏七月										
癸亥					甲子彡阳甲	35757+38276光琦缀	八月				
癸酉	癸亥朏八月			八月	癸酉						
癸未					甲申彡			甲申彡祖甲	辑佚753+35401殷德昭缀		
癸巳	壬辰朏九月	(翌工典)		九月	九月癸巳		九月			38308	
癸卯		癸卯…酌翌日自上甲①	37843 37844		癸卯(翌工典)			甲辰工典其幼其翌			

① 合 37844："癸卯王卜，贞，酌翌日自上甲至多毓，衣，亡巷？自祸。在九月，隹王五[祀]"

续表

日辰	月份	周祭	出处	月份	周祭	出处	月份	周祭	出处
癸丑	公元前1109年	甲[寅]⿰酉彡幼[翌]上甲	35401 38308	十月	癸丑	**35706**	十月	**癸丑⿰酉彡翌日自上甲…**	**拾遗457**
癸亥								征盂方,丁卯翌太丁	36511
癸酉							公元前1107年	癸酉…翌日…	
癸未	十一			公元前1108年				甲申翌小甲	
癸巳								十一月癸巳	35646
癸卯							十二月	甲辰翌戋甲	
癸丑	十二			十二月				甲寅[翌羌甲]	
癸亥									
癸酉							**文丁十祀建寅**		
癸未	**文丁八祀建卯**			癸酉胐**九祀建寅**					
癸巳		(祭工典)			(祭工典)			(祭工典)	
癸卯							二月	○	
癸丑	二月			癸卯胐二月					
癸亥									
癸酉		**甲戌祭小甲壹太甲**	**补10958**①				三月		
癸未	三月	**甲申壹小甲劦太甲**		壬申胐三月				甲申祭小甲壹太甲 王来征盂方伯炎	36509 35532
癸巳		**甲午祭戋甲劦小甲**						甲午壹小甲劦[太甲]	35584
癸卯		**甲辰祭羌甲劦戋甲**		四月			四月	甲辰祭[戋甲]劦[小甲]	35698+35886光琦缀
癸丑	丙午胐四月	**三月甲寅祭阳甲 壹羌甲劦戋甲**						甲寅祭羌甲壹[戋甲]	
癸亥		**甲子壹阳甲劦羌甲**						甲子祭阳甲…	
癸酉		**甲戌[祭]祖甲劦阳甲**		五月			五月	[甲戌壹]阳甲…	
癸未	五月				五月癸未	38310		甲申祭祖甲劦日阳甲	
癸巳									
癸卯		(彡工典)		六月	乙巳工典其萑		六月	甲辰劦祖甲王来征盂方伯[炎]	36516
癸丑	六月							(彡工典)	
癸亥									
癸酉				七月			七月		
癸未									
癸巳	七月	**七月癸巳彡**	**补10976**			补12868			
癸卯		**甲辰彡戋甲**		八月	八月彡戋甲		甲午胐八月		
癸丑	八月	**八月癸丑甲寅彡羌甲**	**37849**						
癸亥		八月癸亥							
癸酉		八月癸酉		九月			癸亥胐九月	**…在九月,隹王十祀彡日,王来征盂方伯**	**37398**(牛头刻辞)
癸未	九月	九月癸未	35706						
癸巳		癸巳			**九月己亥**	**37743**②			
癸卯		九月癸卯(翌工典)		己亥胐	(翌工典)				

① 合补 10958,“三月甲寅”须连续 7 天未见新月,这是不可能的,应为四月之误。

② 合 37743 即鹿头刻辞:**“己亥王田于羌……在九月隹王……”**王下之字,竖画左斜,不像“十”字,疑是“九”字,其写法与本页的合 35706 相同。此物与牛头刻辞同时同地出土,年代应接近,故断入九祀。

续表

日辰	月份	周祭	出处	月份	周祭	月份	周祭	出处	月份	周祭	出处
癸丑	癸巳朏十月	（翌工典）								甲[寅彡祖]甲	同上
癸亥					（翌工典）	七月	（翌工典）		七月		
癸酉	癸亥朏十一月			九月						（翌工典）	
癸未		甲申翌太甲	35525								
癸巳	公元前1106年					公元前1104年	丙申翌太乙奭妣丙 戊戌翌太丁奭妣戊	36196①	八月		
癸卯	壬辰朏十二月			公元前1105年			○ 壬子翌太庚奭妣壬				
癸丑											
癸亥						九月			公元前1103年		
癸酉	壬戌朏十三月			十一月							
癸未											
癸巳						十月			十月		
癸卯	十四月	（祭工典）		十二月							
癸丑					（祭工典）						
癸亥						十一月	（祭工典）		十一月	（祭工典）	
癸酉	文丁十一祀建辰			十三月							
癸未							[甲申壹]上甲		癸酉朏十二月		
癸巳						十二月	甲午劦上甲祭太甲				
癸卯	二月			十四月			甲辰壹太甲祭小甲	35530			
癸丑							甲寅劦太甲壹小甲		壬寅朏十四祀建辰		
癸亥						文丁十三祀建巳	甲子[祭]戋甲劦…				
癸酉	三月			文丁十二祀建巳							
癸未									壬申朏二月		
癸巳						二月					
癸卯	四月			二月							
癸丑		（彡工典）							壬寅朏三月		
癸亥		○			（彡工典）	三月					
癸酉	五月			三月			（彡工典）			（彡工典）	
癸未									壬申朏四月	○	
癸巳				癸未朏四月		四月					
癸卯	六月										
癸丑							甲寅彡小甲		五月		
癸亥				壬子朏五月		五月					
癸酉	七月										
癸未							甲[申彡]羌甲	补10970	六月		
癸巳	八月			壬午朏六月		六月	甲午彡阳甲				
癸卯							六月癸卯				

① 见许进雄：《许进雄古文字论集》，北京，中华书局，第473页，2010年。

续表

日辰	月份	周祭	出处	月份	周祭	出处	月份	周祭	出处
癸丑	七月			七月			七月		
癸亥									
癸酉	八月			八月					
癸未		（翌工典）							
癸巳					（翌工典）		八月	（翌工典）	
癸卯	公元前1102年			公元前1101年					
癸丑									
癸亥							公元前1100年		
癸酉	十月			癸亥朏十月					
癸未									
癸巳				壬辰朏十一月			十月	甲午翌戋甲	35645
癸卯	十一月							甲辰翌羌甲	
癸丑									
癸亥		甲子翌日祖甲	41737+38215光琦缀	壬戌朏十二月			十一月		
癸酉	十二月	甲戌工典其妹其[illegible]							
癸未		○			（祭工典）			（祭工典）	
癸巳		甲午[illegible][illegible]祭上甲	35407	十三月			十二月		
癸卯	文丁十五祀建辰								
癸丑		[甲寅]祭太甲[illegible]上甲							
癸亥	二月			文丁十六祀建巳			十三月		
癸酉									
癸未									
癸巳				二月			十四月		
癸卯	三月								
癸丑									
癸亥				三月			文丁十七祀建午		
癸酉	四月								
癸未									
癸巳		（彡工典）		四月	（彡工典）		甲申朏二月	（彡工典）	
癸卯	五月								
癸丑									
癸亥				五月			癸丑朏三月		
癸酉	六月								
癸未									
癸巳				六月			癸未朏四月		
癸卯									

续表

日辰	月份	周祭	出处	月份	周祭	出处	月份	周祭	出处
癸丑							五月		
癸亥		五月癸亥		五月					
癸酉	癸丑朏五月	五月癸酉							
癸未		五月癸未					六月		
癸巳		甲午工典其幼	续补.甲6·399·1+37918 蔡哲茂缀	六月					
癸卯	癸未朏六月	甲辰幼工典其翌日			（翌工典）			（翌工典）	
癸丑		甲寅彡翌[上甲]					七月		
癸亥	壬子朏公元前1099年	七月癸亥		公元前1098年					
癸酉					甲戌翌太甲	35524			
癸未							公元前1097年		
癸巳	壬午朏八月			八月					
癸卯									
癸丑							九月		
癸亥	辛亥朏九月			九月					
癸酉									
癸未							十月		
癸巳	十月	（祭工典）		十月	（祭工典）			（祭工典）	
癸卯									
癸丑							十一月		
癸亥	十一月			十一月					
癸酉									
癸未							十二月		
癸巳	十二月			十二月					
癸卯									
癸丑							文丁廿祀建巳		
癸亥	文丁十八祀建午			文丁十九祀建午					
癸酉									
癸未				癸酉朏二月			二月		
癸巳	二月							甲□𠭯日祖甲	37868
癸卯		（彡工典）			（彡工典）			（彡工典）	
癸丑								○	
癸亥	三月			壬寅朏三月			三月	癸亥…彡彡日自上甲至于多毓…在三月	南明835+37864+37851①
癸酉									
癸未				四月			四月		
癸巳	四月								
癸卯									

① 林宏明缀：南明835＋合37864＋合37851："癸亥王卜，贞，彡彡日自上甲至于多毓，衣，亡壱？自祸。王占曰吉。在三月，隹王廿祀。彡"

续表

日辰	月份	周祭	出处	月份	周祭	出处	月份	周祭	月份	周祭	出处
癸丑	五月								六月		
癸亥				六月			六月				
癸酉	六月										
癸未									七月		
癸巳				七月			七月				
癸卯											
癸丑	七月	（翌工典）			（翌工典）				八月		
癸亥				八月			癸丑朏八月				
癸酉	公元前1096年										
癸未							壬午朏公元前1094年		公元前1093年		
癸巳				公元前1095年						（翌工典）	
癸卯	九月										
癸丑							壬子朏十月		十月		
癸亥				十月							
癸酉	癸亥朏十月										
癸未							十一月		十一月		
癸巳				十一月							
癸卯	癸巳朏十一月	（祭工典）			（祭工典）						
癸丑							十二月		十二月		
癸亥	壬戌朏十二月			十二月							
癸酉											
癸未							帝乙一祀建辰		帝乙二祀建辰	（祭工典）	
癸巳	文丁廿一祀建巳			文丁廿二祀建辰							
癸卯											
癸丑							二月		二月		
癸亥	二月			二月							
癸酉											
癸未							三月		三月		
癸巳	三月			三月							
癸卯											
癸丑		（彡工典）			（彡工典）		四月		四月		
癸亥	四月			四月							
癸酉											
癸未							五月		五月		
癸巳	五月			五月						（彡工典）	
癸卯										癸卯…彡日自上甲至于…	补①10944

① 合补10944："癸卯王卜，贞，酌彡日自上甲至于多毓，衣，亡它？自祸。在五月，隹王二祀。"

续表

日辰	月份	周祭	出处	月份	周祭	出处	月份	周祭	出处
癸丑				五月					
癸亥	癸卯朏六月								
癸酉							六月		
癸未				六月					
癸巳	癸酉朏七月								
癸卯							七月		
癸丑	癸卯朏八月			七月					
癸亥									
癸酉							八月		
癸未	壬申朏九月			八月					
癸巳		（翌工典）						九月癸巳	
癸卯					（翌工典）		公元前1090年	甲辰翌工典	35399①
癸丑	公元前1092年			公元前1091年				甲寅翌上甲	
癸亥					九月癸亥翌				
癸酉					十月癸酉翌		十月		
癸未	十一月			十月	癸未	辑佚765+764+38827+35408			
癸巳									
癸卯					癸卯翌		十一月		
癸丑	十二月			十一月					
癸亥					癸亥	孙亚冰王恩田缀			
癸酉							十二月		
癸未	十三月	（祭工典）		十二月	癸未				
癸巳		○			（祭工典）			（祭工典）	
癸卯		甲辰祭上甲			甲辰[illegible][illegible]祭上甲		十三月		
癸丑	帝乙三祀建辰	甲寅壹上甲	补10949	癸巳朏四祀建辰	癸丑				
癸亥		正月							
癸酉		甲戌壹太甲							
癸未	二月			壬戌朏二月			帝乙五祀建巳		
癸巳		甲午[祭戋甲]				35765			
癸卯		甲辰[祭]羌[甲]		壬辰朏三月					
癸丑	三月	甲寅祭阳甲壹羌甲砉戋甲	35749		甲寅[祭]阳甲		二月		
癸亥		甲子壹阳甲							
癸酉		甲戌祭祖甲砉阳甲		辛酉朏四月			三月		
癸未	四月	甲申							
癸巳				五月			四月		
癸卯		（彡工典）			（彡工典）			（彡工典）	

① 合35399亦可在文丁六祀

续表

日辰	月份	周祭	出处	月份	周祭	出处	月份	周祭	出处	月份	周祭	出处
癸丑								○			（彡工典）	
癸亥				四月			四月			三月		
癸酉	五月											
癸未					**五月壬午彡日**[1]	**宰豐雕骨**				四月		
癸巳				己卯朏五月			甲戌朏五月					
癸卯	六月											
癸丑										五月		
癸亥				六月			癸卯朏六月					
癸酉	七月											
癸未							癸酉朏七月			六月		
癸巳				七月								
癸卯	八月	（翌工典）			（翌工典）							
癸丑							壬寅朏公元前1087年	（翌工典）		七月	（翌工典）	
癸亥				公元前1088年								
癸酉	公元前1089年											
癸未							九月			公元前1086年		
癸巳				九月								
癸卯	癸未朏十月											
癸丑							十月			九月		
癸亥	癸丑朏十一月			十月								
癸酉												
癸未							十一月			十月		
癸巳	壬午朏十二月	（祭工典）		十一月	（祭工典）							
癸卯								（祭工典）			（祭工典）	
癸丑							十二月			十一月		
癸亥	十三月			十二月								
癸酉												
癸未							十三月			十二月		
癸巳	**帝乙六祀建巳**			**帝乙七祀建巳**								
癸卯												
癸丑							**帝乙八祀建午**			十三月		
癸亥	二月			二月								
癸酉												
癸未							二月			**帝乙九祀建午**		
癸巳	三月			三月								
癸卯		（彡工典）			（彡工典）							

① 宰豐雕骨："壬午，王田于麥麓，获商戠兕，王赐宰豐寑小𩰫兕，在五月，隹王六祀，彡日。"帝乙六祀五月丁丑朔，六日壬午。

续表

日辰	月份	周祭	出处	月份	周祭	出处		月份	周祭	出处
癸丑	二月	(彡工典)			甲寅工典其酌日	补 10945	35891	三月		
癸亥				三月	甲子彡日上甲		38677		(彡工典)	
癸酉	癸亥朏三月				甲戌彡[夕]太乙		35493 +35586 刘影缀			
癸未					[甲申]彡太甲			四月		
癸巳				四月	甲午彡小甲					
癸卯	壬辰朏四月									
癸丑					甲寅彡戋甲	35657		五月		
癸亥	壬戌朏五月			五月	甲子彡羌甲					
癸酉					甲戌彡阳甲	③ 补 12826	35754 + 35522 +補 12860 + 37960 +补 12356 + 37958 +41844 殷德昭 门艺 王恩田 缀			
癸未					五月癸未			六月		
癸巳	辛卯朏六月			六月	甲午彡祖甲					
癸卯					六月癸卯	补 12921				
癸丑		(翌工典)			甲寅工典其幼			七月		
癸亥	公元前 1085 年			七月	甲子幼工典其翌日				(翌工典)	
癸酉					甲戌翌日上甲					
癸未								公元前 1083		
癸巳	八月			公元前 1084 年	甲午翌日太甲					
癸卯										
癸丑								九月		
癸亥	九月			九月						
癸酉					九月癸酉					
癸未					九月癸未			十月		
癸巳	十月	辛卯征盂方①	36517 +36927	癸未朏十月						
癸卯		(祭工典)								
癸丑	十一月	甲寅祭上甲	38302 +补 10952 +补 12606 殷德昭 等缀		十月癸丑(祭工典)			十一月	(祭工典)	
癸亥		甲子壹上甲		壬子朏十一月						
癸酉					[甲]戌壹[上甲]					
癸未				十二月				十二月		
癸巳										
癸卯	十二月	丁未……父丁祊	37853②							
癸丑	帝乙十祀建午			帝乙十一祀建巳				十三月		
癸亥										
癸酉										
癸未				二月				帝乙十二祀建午		
癸巳	二月		35891 38677							
癸卯		甲辰砻祖甲								

① 张宇衛缀第九一则:36517+36927:"辛卯王[卜]贞,其征盂方,叀今□□,余受又,不曾戋,亡[壱]在祸。王占曰吉,在十月。王九[祀],"历日不合文丁,且"王九祀"前无"隹"字,文丁时尚未见,知为帝乙卜辞。

② 合 37853:"丁未卜,贞,父丁祊,其牢? 在十月又□,兹用,隹王九祀。"月份虽不明,以祊祭卜辞都在文丁、帝乙二世,此父丁应指文丁,故此片应属帝乙。

③ 许进雄缀:35658+35755+35896+38261+35397。王恩田加缀 38677+补 12915+辑佚 960+英 2626。

续表

日辰	月份	周祭	出处	月份	周祭	出处	月份	周祭	出处
癸丑	二月			二月	庚申叠小乙奭[妣庚]	36226	二月	甲寅壹祖甲	35885
癸亥		(彡工典)			戊辰叠祖甲奭妣戊			甲子叠祖甲	
癸酉				三月	(彡工典)		癸亥朏三月	(彡工典)	
癸未	三月								
癸巳									
癸卯				四月			癸巳朏四月		
癸丑	四月								
癸亥									
癸酉				五月			癸亥朏五月		
癸未	五月								
癸巳									
癸卯				六月			壬辰朏六月		
癸丑	六月								
癸亥		(翌工典)							
癸酉				七月	(翌工典)		壬戌朏七月		
癸未	公元前1082年							(翌工典)	
癸巳									
癸卯				公元前1081年			公元前1080年		
癸丑	癸卯朏八月								
癸亥					癸亥	35644			
癸酉	壬申朏九月			九月	甲戌翌戋甲		九月		
癸未					甲申翌羌甲				
癸巳					甲午翌阳甲				
癸卯	壬寅朏十月			十月	十月癸卯		十月		补11039+36928+35418殷德昭缀
癸丑		(祭工典)						癸卯	
癸亥					甲子祭工典	38305		甲寅[翌]祖甲	
癸酉	十一月			十一月	甲戌祭上甲	35414	十一月	癸亥(祭工典)	
癸未								[甲戌]祭上甲	
癸巳									
癸卯	十二月	辛亥叠太甲奭妣辛 壬子叠太庚奭妣壬	36226	十二月			十二月		
癸丑		癸丑　○			甲寅壹小甲叠太[甲]	①			
癸亥		壬申叠太戊奭妣壬			甲子祭戋甲叠小甲	②			
癸酉	帝乙十三祀建午	癸未叠仲丁奭妣癸		帝乙十四祀建巳	甲戌祭羌甲壹戋甲		帝乙十五祀建巳		
癸未		[己]丑叠祖乙奭[妣己]			甲申祭阳甲壹羌甲	③			
癸巳					甲午壹阳甲叠羌甲		二月		
癸卯					甲辰祭祖甲叠阳甲	35885		甲辰祭祖甲叠	见下旬

① 合35583+41717 殷德昭缀

② 合35652+《合补》11897,殷德昭缀

③ 合35748

日辰	月份	周祭	出处	月份	周祭	出处	月份	周祭	出处
癸丑		甲寅壴祖甲							
癸亥		甲子劦祖甲	补 11038				二月		
癸酉	三月	癸酉(彡工典)		癸丑朏 三月					
癸未		甲申彡上甲			(彡工典)			甲甲[彡]工典	
癸巳		四月癸巳					三月		
癸卯	四月	甲辰彡太甲	补 10942	壬午朏 四月					
癸丑		甲寅彡小甲							
癸亥		五月癸亥		壬子朏 五月			四月		
癸酉	五月								
癸未								甲申彡戋甲	35660
癸巳				辛巳朏 六月	癸巳		五月		
癸卯	六月	癸卯			癸卯在軎睐				
癸丑		甲寅彡祖甲	山东 1827 ＋补 11032 ＋补 12917 殷德昭缀		癸丑	36620 ＋37926 林宏明缀			
癸亥		七月癸亥		七月	癸亥		六月		
癸酉	七月	[甲戌翌]工典			癸酉				
癸未		甲申翌上甲			(翌工典)			甲申[翌]工典	
癸巳	公元前 1079 年			八月			七月		
癸卯									
癸丑		八月癸丑							
癸亥		九月癸亥		公元前 1078 年			公元前 1077 年		
癸酉	九月	甲戌翌戋甲	35641						
癸未		甲申翌羌甲							
癸巳				十月	癸巳		癸酉朏 九月		
癸卯	十月				癸卯				
癸丑					癸丑	补 12711			
癸亥		(祭工典)		十一月	癸亥		癸卯朏 十月		
癸酉	十一月	○			癸酉(祭工典)			(祭工典)	
癸未									
癸巳				十二月			壬申朏 十一月		
癸卯	十二月								
癸丑									
癸亥	帝乙 十六祀 建巳			十三月			壬寅朏 十二月		
癸酉									
癸未									
癸巳	癸未朏 二月	甲午祭阳甲	补 12744	帝乙 十七祀 建巳			壬申朏 十三月		
癸卯		[甲辰]壴阳甲[劦]羌甲							

续表

日辰	月份	周祭	出处	月份	周祭	出处	月份	周祭	出处	
癸丑	辛丑朏十四月			十二月						
癸亥							**帝乙廿祀建午**			
癸酉		十[□月]癸酉在嘼	35535＋史语所275张宇衛缀	**帝乙十九祀建午**						
癸未	**十八祀建未**	(彡工典)								
癸巳					(彡工典)		二月	(彡工典)		
癸卯	二月			二月						
癸丑		甲寅彡太甲								
癸亥							三月			
癸酉	三月	三月癸酉在[illegible]		三月						
癸未										
癸巳							四月			
癸卯	四月			四月						
癸丑										
癸亥							五月			
癸酉	五月			甲子朏五月						
癸未		(翌工典)						癸未	补12891＋41875＋**37867**＋续存973＋北图3044＋35672＋38247＋补10951王恩田殷德昭等缀(接下页)	
癸巳		○			(翌工典)		六月	**甲午工典其幼**		
癸卯	六月			癸巳朏六月				[甲辰]工典…乙巳①		**35368**
癸丑								**甲寅酌翌上甲**		
癸亥				壬戌朏公元前1075年			公元前1074年	七月癸亥		
癸酉	公元前1076年				甲[申]翌			**甲戌翌太甲**		
癸未								[甲申]翌[小甲]		
癸巳				八月	甲午[翌戋甲]	35746	八月	**八月癸巳**		
癸卯	八月							[翌]戋甲		
癸丑		在[illegible]甲寅翌阳甲	35744		甲寅[翌]阳甲			**甲寅翌羌甲**		
癸亥				九月			九月	翌[阳甲]		
癸酉	九月							**九月癸酉**		
癸未		癸未(祭工典)	41696		(祭工典)			[甲申]翌祖甲		
癸巳		甲午祭上甲		十月			十月	工[典其酌其[illegible]]		
癸卯	十月							○		
癸丑		甲寅祭太甲旮皿	35528							
癸亥				十一月			十一月			
癸酉	十一月							甲戌[祭太甲]旮皿		
癸未										
癸巳		甲午祭羌甲	35701	十二月			甲申朏十二月	癸巳		
癸卯		十二月[癸卯]								

① 合35368为首左甲，有卜辞两条："乙巳……王……太乙……。……贞王……伐衣……在六月……王廿祀。"文丁廿祀六月无乙巳，帝辛廿祀六月迍于上䨲，已无祭祀，也不合。此片只能在帝乙廿祀，乙巳在六月中旬。

续表

日辰	月份	周祭	出处	月份	周祭	出处	月份	周祭	出处
癸丑		癸丑卜十[二]月祭	十旅顺2093		癸丑		十二月	甲寅癸羌甲	
癸亥				十二月	十二月癸亥在𣍘			十二月癸亥	补10987
癸酉	帝乙廿一祀建午	甲戌壹阳甲㫚羌甲	十补11003		甲戌壹□甲	36638+39367		甲戌壹阳甲	
癸未		甲申祭祖甲㫚阳甲			正月癸未		帝乙廿三祀建午	正月癸未	
癸巳				帝乙廿二祀建午	癸巳				
癸卯	二月				正月[癸卯]				
癸丑		（彡工典）			（彡工典）		二月	（彡工典）	
癸亥				二月					
癸酉	癸丑朏三月								
癸未							三月		
癸巳				三月					
癸卯	癸未朏三月								
癸丑		甲寅彡戋甲					四月		
癸亥	壬子朏四月	甲子彡羌甲	35656	四月					
癸酉		四月癸酉							
癸未							五月		
癸巳	五月			五月					
癸卯									
癸丑		（翌工典）			（翌工典）		六月	（翌工典）	
癸亥	六月			六月					
癸酉									
癸未							公元前1071年		
癸巳	公元前1073年			公元前1072年					
癸卯									
癸丑							八月		
癸亥	八月			八月					
癸酉									
癸未							九月		
癸巳	九月			九月					
癸卯		（祭工典）			（祭工典）			（祭工典）	
癸丑							十月		
癸亥	十月			甲辰朏十月					
癸酉									
癸未							十一月		
癸巳	十一月			癸酉朏十一月					
癸卯				壬寅朏					

续表

日辰	月份	周祭	出处	月份	周祭	出处	月份	周祭	出处
癸丑	十二月							（甲寅彡太甲）	
癸亥				帝辛一祀建巳			乙卯朏帝辛二祀	丙辰彡妣丙	二祀𠨘其卣②
癸酉	帝乙廿四祀建午								
癸未									
癸巳				二月			二月		
癸卯	二月								
癸丑		（彡工典）							
癸亥				三月			三月		
癸酉	三月								
癸未					（翌工典）			（翌工典）	
癸巳				四月			四月	○	
癸卯	四月								
癸丑									
癸亥				五月			甲寅朏五月		
癸酉	五月								
癸未									
癸巳				六月			癸未朏六月		
癸卯	六月								
癸丑							癸丑朏六月①		
癸亥				七月					
癸酉	甲子朏七月				（祭工典）				
癸未								（祭工典）	
癸巳				公元前1069年			壬午朏公元前1068年		
癸卯	癸巳朏公元前1070年								
癸丑							八月		
癸亥				九月					
癸酉	癸亥朏九月								
癸未							九月		
癸巳	壬辰朏十月			十月					
癸卯									
癸丑							十月		
癸亥	十一月			十一月					
癸酉									
癸未					（彡工典）		十一月		
癸巳	十二月			十二月				（彡工典）	
癸卯								○	

① 帝辛二祀，年中置闰，不知在何月，姑置于此。

② 二祀𠨘其卣："丙辰，王令𠨘其貺盩……宾贝五朋。在正月，遘于妣丙彡日太乙奭，隹王二祀……。"历日合帝辛二祀，正月乙卯朏，丙辰为正月首日。

续表

日辰	月份	周祭	出处	月份	周祭	出处	月份	周祭	出处			
癸丑		癸丑彡上甲	①				十二月	○				
癸亥	十二月			癸卯朏十二月								
癸酉												
癸未							帝辛五祀建巳					
癸巳	帝辛三祀建午			癸酉朏帝辛四祀								
癸卯												
癸丑							二月					
癸亥	二月			癸卯朏二月								
癸酉												
癸未							三月					
癸巳	三月			癸酉朏三月·	癸巳							
癸卯		（翌工典）			癸卯（翌）	37903＋补12609林宏明缀						
癸丑				癸卯朏四月	乙巳翌②癸丑		四月	（翌工典）				
癸亥	四月				四月癸亥							
癸酉					五月癸酉							
癸未				壬申朏五月			五月					
癸巳	五月											
癸卯												
癸丑				六月			六月					
癸亥	六月											
癸酉												
癸未				七月			七月					
癸巳	七月	（祭工典）			（祭工典）							
癸卯								（祭工典）				
癸丑				公元前1066年			八月					
癸亥	公元前1067年											
癸酉												
癸未				九月			公元前1065年					
癸巳	九月											
癸卯												
癸丑		辛酉暓日	虎骨	十月			十月	十月癸丑在洛	缀210		补12849③	36960＋36941＋辑佚681林宏明缀
癸亥	十月							十月癸亥在𠂤				
癸酉							癸亥朏十一月	十一月癸酉在亳		缀197		
癸未				十一月				癸未在亳				
癸巳	十一月						壬辰朏十二月	十二月癸巳在⿰牜阑				
癸卯		（彡工典）			（彡工典）			癸卯在⿰牜阑⿰鹵東				补12682

① 合37835＋合补10950:“癸丑王卜……酌彡日自上甲至于多毓……在十月又二……隹王二祀。”门艺缀

② 四祀𠨘其卣铭曰:“乙巳,王曰:障文武帝乙俎,在召大庍,遘乙翌日。丙午𩛥,丁未鬻,己酉,王在梌,𠨘其赐贝。在四月,隹王四祀,翌日。”

③ 由卜辞历日可知,十一月是一个只有癸酉、癸未的二癸月,所以只适合帝辛五祀。

续表

日辰	月份	周祭	出处				月份	周祭	出处	月份	周祭	出处
癸丑		癸丑在犅(彡)		缀 197	补 12849							
癸亥	帝辛六祀建辰	癸亥在犅	补 11282		36951	36809＋36788 蔡哲茂缀		(彡工典)		十二月		
癸酉		癸酉在[氵害]			36612 36613		十二月	甲戌彡上甲	41697		(彡工典)	
癸未		癸未在系𠂤朿						十二月癸未		帝辛八祀建巳		
癸巳	二月	癸巳在麦					帝辛七祀建巳					
癸卯		癸卯在血										
癸丑		癸丑在[illegible]										
癸亥	三月	癸亥在‖𠂤朿								二月		
癸酉		癸酉在𠷎	36610				二月					
癸未		三月癸未在𠷎		36609＋英2622 殷德昭缀								
癸巳	四月	**四月癸巳**在𠷎彡	**邑斝**①							三月		
癸卯		[癸卯]在𠷎𠂤朿					三月					
癸丑		(翌工典)										
癸亥	五月	五月癸亥○						甲子翌工典		四月		
癸酉							四月	甲戌翌上甲	补 12927		(翌工典)	
癸未								四月癸未				
癸巳	五月	癸巳在𠷎						甲午翌太甲		五月		
癸卯							五月					
癸丑												
癸亥	六月							**六月壬申翌**	**亚鱼鼎**	六月		
癸酉		**六月乙亥翌**	**作册𡢁卣**②				六月					
癸未												
癸巳	七月									七月		
癸卯							七月					
癸丑		(祭工典)						(祭工典)				
癸亥	公元前1064年						癸丑朏公元前1063年	○		八月	(祭工典)	
癸酉												
癸未								八月癸未	补 10964	公元前1062年		
癸巳	九月						癸未朏九月	甲午祭太甲𠭯田				
癸卯								甲辰祭小甲壹[illegible]				
癸丑												
癸亥	十月						壬子朏十月③	甲子祭戋甲𠭯小	35585＋35649＋35700 许进雄缀	十月		
癸酉								**甲戌**④祭[illegible]壹戋甲				
癸未								甲申祭阳甲壹羌甲𠭯戋甲		十一月		
癸巳	十一月						壬午朏十一月					
癸卯												

① 小臣邑斝："癸巳，王赐小臣邑贝十朋，用作母癸隮彝。隹王六祀，彡日，在四月。"

② 作册𡢁卣"乙亥，𠨍其赐作册𡢁□□，用作祖癸隮彝。在六月，隹王六祀，翌日。亞獏。"

③ 帝辛七祀十月壬子朏，未见新月，故次日癸丑仍属上月。十一月壬午未见新月，故次日癸未仍属上月。

④ 合 37871："……旬亡祸，……十月甲戌，……七祀。"文字不出乙辛二世，因历日不合帝乙七祀，故断入帝辛。

续表

日辰	月份	周祭	出处	月份	周祭	出处		
癸丑				十一月				
癸亥	十二月							
癸酉		（彡工典）			（彡工典）			
癸未				十二月				
癸巳	十三月							
癸卯				帝辛十祀建巳				
癸丑	帝辛九祀建巳	**癸丑彡夕小甲**	**37855**					
癸亥								
癸酉								
癸未		**乙亥彡祖乙**	**37852**	二月				
癸巳	甲戌朏二月				癸巳			
癸卯					［三］月癸卯 ①	张宇衛缀 39330＋补 12813		
癸丑				戊戌朏三月	三月癸丑			
癸亥	甲辰朏三月				［三月］癸亥			
癸酉		（翌工典）			四月癸酉 （翌工典）			
癸未				四月				
癸巳	癸酉朏四月							
癸卯					五月癸卯			
癸丑	癸卯朏五月			五月	癸丑	林宏明缀 41839＋补 12733＋北图 1606		
癸亥					五月癸亥			
癸酉					癸酉			
癸未	壬申朏六月			六月	癸未			
癸巳								
癸卯								
癸丑	七月			丙申朏七月				
癸亥		（祭工典）			甲子彡妹工典 ［在］軎𢁉，王征人［方］②	36489		
癸酉				乙丑朏公元前 1060 年	〇			
癸未	公元前 1061 年							
癸巳					**甲午…告于大邑商…在九月，遘上甲壹**	**36482**，36483		
癸卯				甲午朏九月				
癸丑	九月	**丁巳翌日**	**巂甶卣**					
癸亥					九月癸亥，征人方在雇	36487		36485＋36504＋英 2524＋36932＋41753 殷德昭缀
癸酉					十月癸酉，征人方在勫			
癸未	十月			甲子朏十月	癸未征［人方］	36933＋36553＋36550 殷德昭缀		
癸巳					乙酉在香，丁亥在喪，己丑在乐，辛卯在眉 癸巳征人方在眉。**十月甲午征人方在眉**		**37856**	
癸卯				甲午朏	乙未在眉己亥在庆辛丑在商，十一月癸卯			

① 合 39330＋合补 12813，文字不出乙、辛二世。卜辞作“二月癸卯”，而乙、辛二世无三月癸丑、癸亥的二癸月，疑为三月癸卯之误。此条历日只合帝辛 10、11 及 15 祀，因无来征人方之语，故断入十祀。

② 合 36489 月前之字，竖划不清，横划断开，疑为“七”字。《合》36752 的甲字，也是断开的。由历日及祭工典至壹上甲的祀序看来，帝辛十祀征人方，是七月末自軎𢁉开始的。

续表

<table>
<tr><th>日辰</th><th>月份</th><th>周祭及征人方日辰</th><th colspan="6">出处</th></tr>
<tr><td>癸丑</td><td rowspan="2">十一月</td><td>己酉在吉，辛亥在吉，十一月癸丑在亳。甲寅步于𣎵，乙卯步于𩰫，丁巳在𩰫步于𡛼</td><td rowspan="3">41753</td><td colspan="3">36555＋36567＋36830＋补 11115 王恩田缀</td><td colspan="2">36553
36565＋39464</td></tr>
<tr><td>癸亥</td><td>辛酉在𡛼步于雀，十一月癸亥征人方在雀步于危</td><td rowspan="16">补
12877
＋
36494
＋通别
2.4.15
＋辑佚
858
＋补
11236
王恩田
等缀</td><td colspan="2" rowspan="2">补 11142，
36825</td><td colspan="2" rowspan="2">36823</td></tr>
<tr><td>癸酉</td><td rowspan="3">癸亥朏
十二月</td><td>甲子。十二月己巳在危步于攸。癸酉在攸，征人方</td></tr>
<tr><td>癸未</td><td>丙子在攸，己卯，辛巳在𣥺，壬午，十二月癸未在𣥺步于洀，乙酉在洀步于淮，丙戌在淮（彡工典）</td><td rowspan="3">补
11232</td><td rowspan="3">36607
41757
36484</td><td rowspan="2">41762
36968</td><td colspan="2">36606，36607
36442</td></tr>
<tr><td>癸巳</td><td>**庚寅在𣶃𩞃𢦏林方。壬辰在𣶃。癸巳，甲午在𣶃步于㰁，[在]十月二，隹十祀，彡**</td><td colspan="2"></td></tr>
<tr><td>癸卯</td><td rowspan="3">癸巳朏
帝辛
十一祀
建巳</td><td>**丁[酉]…正月。己亥在芼餗步于湲。**庚子在湲。辛丑在渪餗步于𤆍，壬寅步于永，癸卯来征人方在攸</td><td rowspan="5">缀 218
＋
36957
王恩
田缀</td><td colspan="2" rowspan="3">补 12424</td></tr>
<tr><td>癸丑</td><td>乙巳在滷餗步于攸，丙午，己酉，癸丑来征人方在攸</td><td rowspan="6">补
11232
补
11233</td><td>36492</td></tr>
<tr><td>癸亥</td><td>乙卯在攸，己未在攸，正月癸亥来征人方在攸</td><td rowspan="3"></td></tr>
<tr><td>癸酉</td><td rowspan="3">癸亥朏
二月</td><td>乙丑在攸，壬申在沚，二月癸酉在攸，乙亥、丁丑在攸步于𢦏</td><td rowspan="4">36496</td><td rowspan="2"></td></tr>
<tr><td>癸未</td><td>戊寅步于危，庚辰步于叉，辛巳步于沚，二月癸未在𡛼</td></tr>
<tr><td>癸巳</td><td>丙戌在亘（庚寅在婚壬辰在杞）步于羌，癸巳在羌雷孝商啚</td><td colspan="2"></td><td rowspan="2">36751</td></tr>
<tr><td>癸卯</td><td rowspan="3">壬辰朏
三月</td><td>甲午在羌步于剢，三月[癸卯]在眉。乙巳，丙午在商步于乐</td><td colspan="2" rowspan="3">36501＋36752
＋37410＋36772
王恩田缀</td></tr>
<tr><td>癸丑</td><td>戊申在乐，己酉步于丧，庚戌步于香，辛亥步于𣎵，癸丑在𣎵</td><td>41777</td><td colspan="2">36900</td></tr>
<tr><td>癸亥</td><td>甲寅在羌步于奠，丙辰在奠步于羌，癸亥在兮</td><td></td><td colspan="2" rowspan="4"></td></tr>
<tr><td>癸酉</td><td rowspan="3">壬戌朏
四月</td><td>四月丁卯来征[人方]，癸酉在云奠河邑来征人方</td><td>36539</td><td colspan="2" rowspan="3"></td></tr>
<tr><td>癸未</td><td>（翌工典）</td><td rowspan="2"></td></tr>
<tr><td>癸巳</td><td>癸巳泳贞</td></tr>
<tr><td>癸卯</td><td rowspan="2">壬辰朏
五月</td><td></td><td colspan="6" rowspan="19"></td></tr>
<tr><td>癸丑</td><td></td></tr>
<tr><td>癸亥</td><td rowspan="3">辛酉朏
六月</td><td></td></tr>
<tr><td>癸酉</td><td></td></tr>
<tr><td>癸未</td><td></td></tr>
<tr><td>癸巳</td><td rowspan="3">辛卯朏
七月</td><td></td></tr>
<tr><td>癸卯</td><td></td></tr>
<tr><td>癸丑</td><td></td></tr>
<tr><td>癸亥</td><td rowspan="3">八月</td><td></td></tr>
<tr><td>癸酉</td><td>（祭工典）</td></tr>
<tr><td>癸未</td><td></td></tr>
<tr><td>癸巳</td><td rowspan="3">公元前
1059年</td><td></td></tr>
<tr><td>癸卯</td><td></td></tr>
<tr><td>癸丑</td><td></td></tr>
<tr><td>癸亥</td><td rowspan="3">十月</td><td></td></tr>
<tr><td>癸酉</td><td></td></tr>
<tr><td>癸未</td><td></td></tr>
<tr><td>癸巳</td><td rowspan="2">十一月</td><td></td></tr>
<tr><td>癸卯</td><td></td></tr>
</table>

续表

日辰	月份	周祭	出处	月份	周祭	出处	月份	周祭	出处
癸丑					甲寅壹阳甲劦羌甲	补 11293			
癸亥				十二月	甲子祭祖甲劦阳甲	＋11001	十二月		
癸酉	十二月				[甲戌]壹[祖甲]	蔡哲茂缀			
癸未		(彡工典)							
癸巳				帝辛十三祀建辰	(彡工典)		十三月		
癸卯	帝辛十二祀建辰							(彡工典)	
癸丑									
癸亥				二月			帝辛十四祀建辰		
癸酉	二月								
癸未									
癸巳				三月			二月		
癸卯	三月								
癸丑									
癸亥				四月			三月		
癸酉	四月				甲戌彡祖甲				
癸未		(翌工典)			五月癸未	补 13423			
癸巳				五月	甲午工典其酌幼	＋41840	四月		
癸卯	五月				[甲辰工]典其酌□	许进雄缀		(翌工典)	
癸丑		甲寅翌太甲	35523						
癸亥				六月	癸[亥]	补 12672	五月		
癸酉	六月				甲戌翌太甲	＋辑佚943			
癸未					七月[癸]未	＋38246			
癸巳				七月		王恩田缀	六月		
癸卯	七月								
癸丑					[甲]寅翌羌甲	35696＋			
癸亥				八月	[甲]子翌阳甲	补 10999	七月		
癸酉	八月	(祭工典)				光琦缀			
癸未		○			甲[申]翌祖甲	补 12916			
癸巳				九月	(祭工典)		癸酉朏八月	(祭工典)	
癸卯	公元前1058年	甲辰壹上甲	35417						
癸丑									
癸亥				公元前1057年			癸卯朏公元前1056年		
癸酉	癸丑朏十月								
癸未									
癸巳				十一月			壬申朏十月	十月癸巳在屯𠂤	36821
癸卯	癸未朏十一月							十月癸卯在[illegible]𠂤	补 12887

续表

日辰	月份	周祭	出处	月份	周祭	出处
癸丑	辛丑肬十一月	十一月癸丑在齐餗	补12887 36821	九月		
癸亥		十一月癸亥在齐餗				
癸酉	庚午肬十二月			十月		
癸未						
癸巳						
癸卯	庚子肬十三月	乙巳令望人方罻①	龠卣	十一月		
癸丑		○			(彡工典)	
癸亥						
癸酉	十四月			十二月		
癸未						
癸巳		癸巳令伐人方罻	小子网簋③			
癸卯	**帝辛十五祀建午**			癸巳肬**帝辛十六祀**		
癸丑		**丁巳来征人方彡日**	**小臣艅尊**			
癸亥						
癸酉	二月			癸亥肬二月		
癸未						
癸巳		癸巳在齐餗来征人方②	36493 36488+36803王恩田缀	壬辰肬三月		
癸卯	三月	癸卯				
癸丑		癸丑(翌工典)			(翌工典)	
癸亥		癸亥		四月		
癸酉	四月	癸酉				
癸未		癸未				
癸巳				五月		
癸卯	五月	癸卯在萬餗来征人方	36495			
癸丑						
癸亥		癸亥在萬餗		六月		
癸酉	六月					
癸未						
癸巳				七月		
癸卯	公元前1055年	(祭工典)			(祭工典)	
癸丑						
癸亥				八月公元前1054年		
癸酉	八月					
癸未						
癸巳				九月		
癸卯		**九月己酉砉日**	**戍鈴方彝**		甲辰祭戋甲砉小[甲]	35648

① 龠卣:"乙巳……在十月二。隹子曰:令望人方罻。"乙巳已在十三月肬后五日,疑为"十三月"之误。

② 合36493:"癸巳卜,贞王旬亡祸?在二月,在齐(济)餗,隹王来征人方。"与十一祀二月癸巳来征人方在竞不同,当是二次征人方,在山东境内。

③ 小子网簋:"癸巳……隹□令伐人方罻……在十月四"。小臣艅尊:"丁巳,王省夔京,王赐小臣艅夔贝。隹王来征人方。隹王十祀又五,彡日。"知小子网簋的十四月伐人方必在十四祀。

续表

日辰	月份	周祭	出处	月份	周祭	出处	月份	周祭	出处
癸丑		甲寅祭羌甲壹戋甲	35648						
癸亥		甲子祭阳甲壹羌甲刍戋甲					十月		
癸酉	十月			十月					
癸未									
癸巳							十一月		
癸卯	十一月			癸未朏 十一月					
癸丑		(彡工典)							
癸亥				癸丑朏 十二月	(彡工典)		十二月	(彡工典)	
癸酉	十二月								
癸未									
癸巳				壬午朏 十八祀 建巳			帝辛 十九祀 建巳		
癸卯	帝辛 十七祀 建巳								
癸丑		甲寅彡戋甲	35655＋35704 殷德 昭缀						
癸亥		甲子彡羌甲		二月			二月		
癸酉	二月								
癸未									
癸巳				三月			三月		
癸卯	三月								
癸丑		(翌工典)							
癸亥		○		四月	(翌工典)		四月	(翌工典)	
癸酉	四月	[癸]酉□日自上甲…	35426						
癸未									
癸巳				五月			五月		
癸卯	五月								
癸丑									
癸亥				六月			六月		
癸酉	六月								
癸未									
癸巳				七月			甲戌朏 七月		
癸卯	七月								
癸丑		(祭工典)			(祭工典)			(祭工典)	
癸亥				公元前 1052 年			癸卯朏 八月	○	
癸酉	公元前 1053 年								
癸未									
癸巳				九月			癸酉朏 公元前 1051 年		
癸卯	九月								

续表

<table>
<tr><th>日辰</th><th>月份</th><th>周祭</th><th colspan="6">出处</th></tr>
<tr><td>癸丑</td><td rowspan="2">壬寅朏
十月</td><td></td><td colspan="6" rowspan="22"></td></tr>
<tr><td>癸亥</td><td></td></tr>
<tr><td>癸酉</td><td rowspan="3">壬申朏
十一月</td><td></td></tr>
<tr><td>癸未</td><td></td></tr>
<tr><td>癸巳</td><td></td></tr>
<tr><td>癸卯</td><td rowspan="3">十二月</td><td></td></tr>
<tr><td>癸丑</td><td></td></tr>
<tr><td>癸亥</td><td></td></tr>
<tr><td>癸酉</td><td rowspan="3">帝辛
廿祀
建辰</td><td>（彡工典）</td></tr>
<tr><td>癸未</td><td></td></tr>
<tr><td>癸巳</td><td></td></tr>
<tr><td>癸卯</td><td rowspan="3">二月</td><td></td></tr>
<tr><td>癸丑</td><td></td></tr>
<tr><td>癸亥</td><td></td></tr>
<tr><td>癸酉</td><td rowspan="3">三月</td><td></td></tr>
<tr><td>癸未</td><td></td></tr>
<tr><td>癸巳</td><td></td></tr>
<tr><td>癸卯</td><td rowspan="3">四月</td><td></td></tr>
<tr><td>癸丑</td><td></td></tr>
<tr><td>癸亥</td><td></td></tr>
<tr><td>癸酉</td><td rowspan="3">五月</td><td>（翌工典）</td></tr>
<tr><td>癸未</td><td></td></tr>
<tr><td>癸巳</td><td>五月癸巳在反，王迖于上簹</td><td rowspan="9">36850
＋
37921
即 36921</td><td rowspan="7">36537</td><td rowspan="2"></td><td rowspan="5">36820
＋
36917
孙亚
冰缀</td><td rowspan="3">36819</td><td rowspan="2"></td></tr>
<tr><td>癸卯</td><td rowspan="3">六月</td><td>六月癸卯在㮚，王迖于上簹</td></tr>
<tr><td>癸丑</td><td>六月癸丑在定，王迖于上簹</td><td rowspan="4">36851</td><td>36918，补 12914</td></tr>
<tr><td>癸亥</td><td>六月癸亥在向，王迖于上簹</td><td colspan="2" rowspan="4"></td></tr>
<tr><td>癸酉</td><td rowspan="3">七月</td><td>七月癸酉在上簹</td></tr>
<tr><td>癸未</td><td>七月癸未王征斅蕭，在爵</td><td rowspan="2"></td></tr>
<tr><td>癸巳</td><td>七月癸巳在上簹</td><td></td></tr>
<tr><td>癸卯</td><td rowspan="3">八月</td><td>癸卯</td><td colspan="5" rowspan="4"></td></tr>
<tr><td>癸丑</td><td>［癸］丑</td></tr>
<tr><td>癸亥</td><td>（祭工典）</td><td rowspan="5"></td></tr>
<tr><td>癸酉</td><td rowspan="3">公元前
1050 年
九月</td><td></td></tr>
<tr><td>癸未</td><td>九月癸未在上簹</td><td rowspan="2">37863</td><td rowspan="3">36856
＋</td><td></td><td rowspan="3">36855</td><td rowspan="3"></td></tr>
<tr><td>癸巳</td><td>九月癸巳在上簹</td><td rowspan="2">36846</td></tr>
<tr><td>癸卯</td><td></td><td>十月癸卯在上簹</td><td></td></tr>
</table>

续表

日辰	月份	记事	出处					
癸丑	十月	十月癸丑在上寚	37956					
癸亥		十月癸亥在上寚						
癸酉	丙寅朏 十一月	**十一月戊辰劦日** 癸酉在上寚		36846				**豨簋**①
癸未		十一月癸未在上寚	36880 ＋ 36878 光琦缀		上接 **36856**＋ 补 11252 ＋36867 ＋36874 ＋36848 ＋36879 ＋36883 ＋36875 泳贞			
癸巳		十一月癸巳在上寚						
癸卯	十二月	癸卯在上寚						
癸丑								
癸亥		十二月癸亥 **甲子遘祖甲劦日**						**宿孳方鼎**②
癸酉	**帝辛** **廿一祀** **建辰**	正月癸酉在寚(彡)						
癸未		正月癸未在上寚	41772					
癸巳		正月癸巳在上寚						
癸卯	二月	二月癸卯在上寚		补 12820	殷德昭 王恩田 缀	补 13446 ＋ 41770 殷德 昭缀		
癸丑		二月癸丑在上寚						
癸亥		癸亥在上寚						
癸酉	三月	癸酉在王寚					36871	
癸未		癸未在䣓(刘钊释文)						36935
癸巳		癸巳在吉						
癸卯	四月							
癸丑								
癸亥								
癸酉	五月	(翌工典)						
癸未								
癸巳								
癸卯	六月							
癸丑								
癸亥								
癸酉	七月							
癸未								
癸巳								
癸卯	癸巳朏 八月							
癸丑								
癸亥	壬戌朏 公元前 1049 年	(祭工典)						
癸酉		○						
癸未								
癸巳	十月							
癸卯								

① 豨簋:"戊辰,弜师赐豨□户□贝,用作父乙宝彝。在十月一,隹王廿祀,劦日。遘于妣戊武乙奭豕一。旅。"殷代彝铭 30 字以上者 8,其余都在帝辛时,豨簋 37 字,也应是帝辛时器,但武乙不属周祭系统。

② 宿孳方鼎铭:"甲子,王赐宿孳商,用作父辛障彝。在十月又二,遘祖甲劦日。隹王廿祀。"此鼎历日不合帝乙,应是帝辛时器。自帝辛十八祀以后,已不见周祭卜辞,但王室仍然安排着周祭的日程。铭文的"遘祖甲劦日",是说适逢劦祖甲之日,不等于这一天商王举行了劦祖甲之礼。

续表

日辰	月份	周祭	出处	月份	周祭	出处	月份	周祭	出处
癸丑							十月		
癸亥	十一月			十月					
癸酉									
癸未							十一月		
癸巳	十二月			十一月					
癸卯									
癸丑							十二月		
癸亥	十三月			十二月					
癸酉									
癸未		(彡工典)			(彡工典)		**帝辛廿四祀建辰**		
癸巳	**帝辛廿二祀建巳**			癸未肜**廿三祀建辰**				(彡工典)	
癸卯									
癸丑							二月		
癸亥	二月			癸丑肜二月					
癸酉									
癸未				壬午肜三月			三月		
癸巳	三月								
癸卯									
癸丑				壬子肜四月			四月		
癸亥	四月								
癸酉									
癸未		(翌工典)		五月	(翌工典)		五月		
癸巳	五月	**乙未王宾文武帝乙彡日**	**坂方鼎**①					(翌工典)	
癸卯									
癸丑				六月			六月		
癸亥	六月								
癸酉									
癸未				七月			七月		
癸巳	七月								
癸卯									
癸丑				八月			八月		
癸亥	八月								
癸酉									
癸未				公元前1047年			九月		
癸巳	公元前1048年								
癸卯									

① 坂方鼎："乙未，王宾文武帝乙彡日，自𫊸俐，王返入阑，王赏坂贝，用乍父乙宝隮彝。在五月，隹王廿祀又二。"由寝孳方鼎的廿祀十二月甲子𠭯祖甲下排，至廿二祀五月甲午（次日乙未），相距17个月、51旬。其间如无闰旬，应是廿二祀四月甲戌翌工典，如有一闰旬则四月甲申翌工典，有两个闰旬则五月甲午翌工典，不可能有三个闰旬。所以五月乙未于周祭系统必在翌日。而此铭作彡日，可见此时周祭已被遗弃，彡武乙属于另一祭祀系统了。

续表

日辰	月份	周祭	出处	月份	周祭	出处	月份	记事	出处
癸丑	公元前1046年			公元前1045年			公元前1044年		
癸亥							帝辛廿六祀十月 **周武王十一年一月建丑**		
癸酉									
癸未	甲戌朏十一月			十一月				一月壬辰旁死霸	
癸巳							壬辰朏 殷廿六祀十一月 周十一年二月		
癸卯									
癸丑	癸卯朏十二月			十二月				二月庚申既死霸	
癸亥							辛酉朏 殷廿六祀十二月 周十一年三月	越五日甲子	
癸酉	壬申朏 **廿五祀建卯**								武成②
癸未				十三月					
癸巳		（彡工典）							
癸卯				**帝辛廿六祀建辰**			周十一年四月 甲辰望	四月乙巳既旁生霸	
癸丑	二月							越六日庚戌	
癸亥									
癸酉									
癸未	三月			二月					
癸巳									
癸卯									
癸丑	四月			三月					
癸亥									
癸酉									
癸未	五月			四月					
癸巳		（翌工典）							
癸卯									
癸丑	六月	**庚申王在𩰫，翌**	**宰椃角**①	五月					
癸亥									
癸酉				甲子朏六月					
癸未	七月								
癸巳									
癸卯				癸巳朏七月					
癸丑	八月								
癸亥									
癸酉				癸亥朏八月					
癸未	九月								
癸巳									
癸卯				九月					

① 宰椃角："庚申，王在𩰫，王各，宰椃从，赐贝五朋，用作父丁障彝。在六月，隹王廿祀翌又五。"

② 见《汉书律历志》引《周书·武成》。周初仍以朏之明日为月首。武王十一年二月壬辰朏，于时历为一月末，称旁死霸。三月辛酉朏，故庚申、辛酉皆属二月，庚申残月初伏，称既死霸。既旁生霸意为已经普遍生光，即满月之日。

十、晚殷先周年表

公元前年份	商纪年	周纪年	记事
1118	武乙卅四年		周王季历来朝，武乙赐地三十里，玉五瑴，马八匹。
1117	武乙卅五年卒①		周王季历伐西落鬼戎，俘二十翟王。
1116	文丁一祀		
1115	文丁二祀		周人伐燕京之戎，周师大败。
1113	文丁四祀		周人伐余无之戎，克之。周王季命为殷牧师。
1110	文丁七祀		周人伐始呼之戎，克之。
1108	文丁九祀		文丁九祀从多田于多伯征盂方伯炎。
1106	文丁十一祀		周人伐翳徒之戎，捷其三大夫。文丁杀季历。②
1105	文丁十二祀	文王元年③	
1095	文丁廿二祀卒	文王十一年	
1094	帝乙一祀	文王十二年	武王生④
1093	帝乙二祀	文王十三年	周人伐商
1086	帝乙九祀	文王二十年	帝乙九祀征盂方
1071	帝乙廿四祀卒	文王三十五年	
1070	帝辛一祀	文王三十六年	
1065	帝辛六祀	文王四十一年	周文王初禴于毕⑤
1061	帝辛十祀	文王四十五年	帝辛十祀从侯喜征人方
1057	帝辛十四祀	文王四十九年	帝辛十四祀征人方罾
1055	帝辛十六祀	文王五十一年卒⑥	
1054	帝辛十七祀	武王元年	
1047	帝辛廿四祀	武王八年	武王伐耆
1045	帝辛廿六祀	武王十年	
1044年3月10日	廿六祀十二月甲子	十一年三月甲子	武王克商

① 武乙年数不能确知，《纪年》有35年事，姑以为卒年。

② 文丁杀季历，无确切年份。但《纪年》记季历事多条，至文丁十一年，忽然中止，疑被囚在是年。

③ 此时周人以殷纪元，尚未自行纪元。本表的文王年数，只是他的在位之年。

④ 《路史》引《纪年》："武王年五十四"。《通鉴前编》一反前人武王年九十三之说，改作年五十四，亦本《纪年》。其生卒年，由成王五年营成周（据何尊铭）当公元前1036年推定。

⑤ 见《通鉴前编》引《纪年》。

⑥ 文王年数，《吕氏春秋·制乐》曰："凡文王立国五十一年而终"。《书·无逸》作五十年，盖举其成数而言。

文王受命纪元辨妄

一、文王受命十三年克商之说剖析

西汉晚期，刘歆用太初以来对日月五星的观测数据，以五德终始为宇宙观，演绎《易·系辞》的天地之数，造为《三统历》，是我国第一部完整的历法体系，以其哲理性、精密性显于当世。他还拣起了战国前期三晋史官所创的岁次—分野之说，详定宿度予以规范，又创岁星超辰法提高精度，纳入历术。

在此基础上，刘歆杂取前人之说，编造了一套新的古史系统。把邹衍原来"五行相胜"的顺序，即黄帝土—夏木—商金—周火，改为"五行相生"，并扩充为伏羲木—神农火—黄帝土—少皞金—颛顼水—帝喾木—尧火—舜土—夏金—商水—周木—汉火，又以汉为尧后、莽为舜后，于是火生土，循尧舜禅让之序，为王莽受禅提供了理论依据，著为《世经》。王莽虽然失败，但这个杜撰的古史系统却延续下来。[①]

刘歆是星占大家，他坚信汤伐桀之年岁星必在大火，于是对照中秘本《商书·伊训》篇的历日，由《三统历》推出了伐桀的绝对年份。又坚信武王伐纣之年岁星必在鹑火，于是根据中秘本《周书·武成》篇的三个定点月相，从《三统历》中找到了它的合适年份，如下表：

《武成》历日与《三统历》对照表

《周书·武成》历日	《三统历》公元前 1122 年正月二十九日己未冬至，岁星在张十三度
惟一月壬辰旁死霸	正月辛卯朔(既死霸)，二日壬辰(旁死霸)
若翌日癸巳，武王乃朝步自周，于征伐纣。	正月三日癸巳
粤若来二月[②]既死霸	二月庚申朔(既死霸)
越五日甲子，咸刘商王纣。	二月五日甲子
惟四月既旁生霸(乙巳)	四月己丑朔，十六日甲辰望(既生霸)，十七日乙巳(既旁生霸)
越六日庚戌，武王燎于周庙。	四月廿二日

说明：周人以朏为月首，既死霸在月末。刘歆说："死霸朔也，生霸望也，"以死霸为月首。差一个月

他还根据由《三统历》推算来的武王伐殷五条天象，伪造了伶州鸠论七律一章，窜入《国语·周语》，并在《世经》中给合《武成》篇的历日将以解说，使之成为这一古史系统的双

① 详见顾颉刚：《秦汉的方士与儒生》，上海，群联出版社，1955 年。

② 《汉书·律历志》原作三月，由前后文对照，必为二月之误，今径改。

重证据。详见拙作《国语武王伐殷天象辨》[①]。

《世经》中武王伐纣的一段，是文王受命纪元的经典论述：

> 《三统》：上元至伐纣之岁，十四万三千一百九岁（即公元前1122年），岁在鹑火张十三度。文王受命九年而崩，再期，在大祥而伐纣，故《书序》曰"惟十有一年，武王伐纣，[作]《太誓》。"八百诸侯会。还归二年，乃遂伐纣克殷，以箕子归，十三年也。故《书序》曰："武王克殷，以箕子归，作《洪范》。"《洪范》篇曰："惟十有三祀，王访于箕子。"自文王受命而至此十三年，岁亦在鹑火，……《周书·武成》篇："惟一月壬辰旁死霸，若翌日癸巳，武王乃朝步自周，于征伐纣。"《序》曰："一月戊午，师渡于孟津。"至庚申，二月朔日也。……《武成》篇曰："粤若来二月既死霸，粤五日甲子，咸刘商王纣。"……

这里有一个矛盾：《书序》全文是："惟十有一年，武王伐殷，一月戊午，师渡孟津，作《太誓》三篇。"《世经》分别引用：先说"故《书序》曰：惟十有一年，武王伐纣，作《太誓》。"后说"《序》曰：一月戊午，师渡于孟津。"接着说：至庚申，二月朔日也，"粤五日甲子，咸刘商王纣。"这个日程，显然是十一年杀纣，与前面的十三年克殷相矛盾。

这是怎么回事？原来刘歆的伐纣日程是依《书序》及《武成》排在武王十一年的。由于他笃信星占，认为人间大事都是由上天安排并显于星象的。王莽末年，大司马董忠等谋举事，拥戴他复汉，他却说"当待太白星出，乃可。"遂致事泄自杀。刘歆坚信文王受命和武王克商都是天数，岁星必在周之分野，才改在十三年克商的。于是改为文王受命九年崩，武王即位不改元，十三年克商，使受命和克商都出现在理想年份。但未能详加划一、前后对应，遂露出破绽。

第二个问题是《洪范序》，全文是："武王胜殷，杀纣、立武庚，以箕子归，作《洪范》。"我们知道，《洪范》全篇都是讲治国之大法，与杀受立武庚无关。司马迁曾见到《书序》，他在《周本纪》中说："武王已克殷，后二年，问箕子殷所以亡，……故问以天道。"《尚书大传》也说："武王释箕子之囚，箕子不忍周之释，走之朝鲜，武王闻之，因以朝鲜封之，箕子既受周之封，不得无臣礼，故于十三祀来朝。"两书都作十一年克殷，可见原本《洪范序》并无十三年克殷之说。今本《洪范序》则是刘歆为了证明克商在十三年而伪造的。

第三个问题是师渡孟津的月份：今本《书序》是"一月戊午师度于孟津，作《太誓》。"而《史记》说"十二月戊午，师毕渡盟津……武王乃作《太誓》"所据应是《书序》。因西汉时，尚书只有二十九篇，《史记》多出三十余个篇目，且述其背景，不可能是汉人伪造，而《书序》藏于中秘，司马迁必能见到。但孟津至牧野三百里，只有六天的路程，不当从十二月戊午走到二月甲子，必有误者。据《武成》，杀纣在"二月既死霸粤五日甲子"。《荀子·儒效》也说："武王之诛纣也，行之日以兵忌，东面而迎太岁，"据《淮南子·天文训》："咸池为太岁，二月建卯，月从右行四仲，终而复始。""太岁，迎者辱，背者强。"是太岁二月在东，三月在北，四月在西，五月在南，四个月而周于地。武王以二月东征，所以说犯了兵家之忌。由此可知，《书序》的"十二月"，应是"二月"之误，衍"十"字。刘歆发现十二月不对，

① 白光琦：《先秦年代探略》，北京，中国社会科学出版社，第三章，2008年。

改作一月，则是由他所理解的“死霸朔也、生霸望也”所排的伐纣日辰而来。可见今本《书序》的“一月戊午”，也是刘歆改定的。

《书序》最后经刘歆改定，还有一条证据。《文侯之命》，司马迁《晋世家》和刘向《新序》都说是晋文公，是刘歆才改为晋文侯的。

然而，刘歆的十三年说，也不全是编造，还是有一些根据的。武帝末，得河内本《太誓》三篇，就是十一年观兵，还归二年伐纣。至东汉时，马融找出五条证据，始发其伪。其后，孔传本才另造《泰誓》三篇，河内本遂佚。然而，河内本并未说是文王受命十三年，否则，刘歆当直接取证，不必窜改《洪范序》了。

由此可知，文王受命九年而崩、武王即位未改元，十三年克商之说，皆始自刘歆。

至于《逸周书·文传》说：“文王受命之九年，时维暮春，在鄗，召太子发曰……。”这句话应作于《世经》之后，因此前只有文王受命七年崩之说，见《尚书大传》和《史记》，刘歆作九年，未能提出证据，若当时诚有此语，他是决不会放过的。

二、文王受命纪元的出现

文王受命纪年，在刘歆之前已经出现。《尚书大传》四十一篇，是伏生死后弟子记其所闻并发挥已见之作，已佚，有辑本，其中就用文王受命纪年。它说：

> 文王受命，一年断虞芮之讼，二年伐邗，三年伐密须，四年伐畎夷，五年伐耆，六年伐崇，七年而崩。(《通鉴外纪》引)

稍后的《史记·周本纪》说：

> 诸侯闻之曰：“西伯盖受命之君”，明年伐犬戎，明年伐密须，明年伐耆国……，明年伐邗，明年伐崇侯虎而作丰邑，自岐下而徙都丰，明年西伯崩。……诗人道西伯，盖受命之年称王而断虞芮之讼，后七年而崩，谥为文王。

他在“受命”前加两个“盖”字，且不系年数，可见他对受命称王有所保留，也不用文王受命纪年，并不完全相信《大传》的话。《周本纪》接着说：

> 武王即位，太公望为师，周公旦为辅，召公、毕公之徒左右王，师修文王绪业。九年，武王上祭于毕，东观兵至于盟津……

这个“九年”，在文王既崩武王即位之后，分明是武王九年，学者或谓文王受命九年，离开文献将以曲解，无非是受了刘歆的影响。

《大传》作为解经之书，主要是记其先师之言，在编联整理时，难免掺入己见，但总还不至于伪造。这个文王受命纪年，似应有所依据。

天命，在西周人的心目中是绝对权威。可是到了春秋，连周天子都权威扫地了，天命还有什么用？降至战国，随着新的阶级及新兴势力的兴起，百家并兴，异说蠭起，天命说又应运而生，开始有人为文王受命编造故事(见后)，文王受命纪元之说自不会早于此时。虽然当时的主流观点是以文王武王即位纪元，但作为异说歧见，仍有线索可寻。

《清华简·程寤》曰

> 惟王元祀贞月既生魄，太姒梦见商廷隹棘，乃小子发取周廷梓树于乎间，化为松

柏棫作。寤惊，告王……王及太子发并拜吉梦，受商命于皇上帝。……

西周时，臣下受到册命赏赐，必须拜稽首，连周公对成王、祭公对穆王都要拜稽首，至春秋，晋文公受命也要再拜稽首，文王受天命怎么可以只拜不稽首？可见这则故事是战国人所编。故事讲的是文武受命，虽然不是文王受命，这个“维王元祀”，也可视为文王受命纪元的雏型。春秋以前是不会有文王受命纪年的。

三、文王受命本无其事

在西周人的心目中，文王受命是第一大事，其重要性在武王克商之上。

见于金文者：成王五年的何尊铭曰：“肆玟王受兹大命。隹珷王既克大邑商……”康王廿三年的盂鼎铭曰：“丕显玟王受天有大命，在珷王嗣玟作邦……”

见于《尚书》者：《大诰》曰：“天休于文王，兴我小邦周。文王惟卜用，克绥受兹命。”《康诰》曰：“天乃大命文王，‘殪戎殷’。”《无逸》曰：“文王受命惟中身，厥享国五十年。”《君奭》曰：“天不庸释于文王受命。”

见于《逸周书》者：《商誓》记武王曰：“上帝弗显，乃命朕文考曰：‘殪商之多罪纣’！”《祭公》曰：“皇天改大邦殷之命，惟文王受之，惟武王大克之，咸茂厥功。”

见于《诗经》者：《文王有声》曰：“文王受命，有此武功，既伐于崇，作邑于丰。”《大明》曰：“有命自天，命此文王，于周于京，缵女维莘。”

由此看来，文王受命已是铁证如山，然而进一步研究，却是矛盾百出，下面分别讨论。

受命者不同

西周人提到受天命的，除文王外，还有武王等六种说法：

说武王受命者：《逸周书·商誓》记武王说：“(帝)命予小子，肆我(伐)殷戎!”《诗·大明》：“长子维行，笃生武王，保佑命尔，燮伐大商。”

说成王受命者：《书·召诰》记召公告诫成王说：“皇天上帝改厥元子，兹(止)大国殷之命。惟王受命，无疆惟休，亦无疆惟恤。”意为惟王受命，十分可喜，也十分可忧。这个受命的王，应指成王。因《召诰》全篇 23 个王字，除“殷先哲王、後王”外，其余都指成王。况且文王未得天下，哪里来的“无疆惟休”与“无疆惟恤”？

说文武受命者：西周中期的訇簋铭曰：“丕显文武受命”，师訇簋、乖伯簋及晚期的毛公鼎、逨盘、逨鼎，并皆如此。《书·洛诰》曰：“惟周公诞保文武受命。”《顾命》《文侯之命》《逸周书·祭公》《诗·江汉》也都说文武受命。

说周王受命者：《书·多士》曰：“今惟我周王，丕灵承帝事，有命曰‘割殷’。”

说有周受命者：《书·君奭》曰：“殷既坠厥命，我有周既受。”

说我小国受命者：《逸周书·商誓》曰：“肆上帝命我小国曰：‘革商国’。”

受命的内容不同

天命表达上帝的意志，无论其形式是语言还是文字，内容必定十分明确，后人引用或表述，都应一致，而文献中，竟有10种说法。

《逸周书·商誓》曰："上帝弗显，乃命朕文考曰：'殪商之多罪纣'！""肆上帝命我小国曰：'革商国'！""天休于我有周，命予小子肆伐殷戎！"

《书·大诰》曰："天休于文王，兴我小邦周。"

《书·康诰》曰："天乃大命文王，'殪戎殷'。"

《书·多士》曰："今惟我周王丕灵承帝事，有命曰：'割殷'！"

《诗·大明》曰："有命自天，命此文王，于周于京，缵女维莘。长子维行，笃生武王，保右命尔，燮伐大商。"

《墨子·非攻下》曰："天命周文王伐殷有国！"

今本《纪年》曰："帝辛三十三年，王锡命西伯'得专征伐'。约按：受命自此年始。"

受命的方式不同

殷周之际，在人们的观念里，生人还不能升天，上帝也不能下凡，那么文王是怎样受的天命？共有六种说法。

卜得吉兆说：周公在《大诰》中说："天休于文王，兴我小邦周。文王惟卜用，克绥受兹命。"以神龟能通天，故占卜可测知上帝的旨意，卜得吉兆，就是受了天命。周公还把文王留下的"大宝龟"拿出来，作为受天命的证据。周公是文王受命说的倡导者，自然知道底细，他的话应该是第一手资料。但占卜在殷周间是极平常之事，年年有，月月有，天天有，周人可以卜，殷人也可以卜，所卜都是上帝的旨意，怎么能确定某一次的占卜是受了天命？所以连周公也只好说"文王受命惟中身"，而不好说它的具体年份了。

火德祥瑞说：《墨子·非攻下》曰："赤鸟衔珪，降周之岐社，曰：'天命周文王伐殷有国'！"《吕氏春秋·应同》及《尚书纬·中候·我应》也有赤雀丹书之说。《尚书大传》曰："中流，白鱼跃入舟中，武王俯取以祭。"又曰"有火自上复于下，至于王屋，流为乌，其色赤，其声魄云。"这些，都是五德终始说流行以后所编，因商为金德，色尚白，故有白鱼为武王所获，周为火德，色尚赤，故有赤雀丹书及火流为赤乌之瑞。

太姒吉梦说：见前。

吕尚垂钓说：《尚书大传》曰："周文王至磻溪，见吕望，文王拜之，尚父曰：'望钓得玉璜，刻曰：周受命，吕佐检……'"

天道无形说：《尚书大传》曰："天之命文王，非谆谆然有声音也，文王在位而天下大服，施政而物皆听命，听则行，禁则止，动摇而不逆天之道，故曰天乃大命文王。"这是儒家对于天命的一种理性的解释。

殷王赐命说：这是后世在正统观念影响下由于否认文王称王而提出的说法。

克商以前无文王受命之说

凤雏出土的近300片有字甲骨中，有26片有王字，这些卜辞大都是文王称王以后及武王时期的，记有不少先周大事。按说，文王受命是最荣耀的事，当时应该大书特书，事后也应不断称道才是，然而这里只字未提。

天亡簋记克商前后武王祭祀文王之事，盛赞文王而不提受天命。

利簋记克商大事，提到武王的祭祀和贞卜，也不提文王受命。

武王伐商，师渡孟津，作《太誓》，即《左传》昭四年的“周武有孟津之誓”。此篇虽佚，见于先秦文献所引者仍有 22 次之多，数纣之多罪，乃伐纣之辞。[①] 其中，武王说“民之所欲，天必从之，”而不是受天命。又说纣“自绝于天”，也不是被天所弃。还说：“朕梦协朕卜，袭于休祥，戎商必克。”其必胜的信念亦非来自文王受命。

《书·牧誓》只说：“今予发惟恭行天之罚”，是说自己是奉天伐罪，体现了天意，并非受了天命。

《逸周书·世俘》记：武王克商归，荐俘馘于周庙，杀“共恶臣百人”及“四十夫家君”，“用牛于天于稷五百有四，用小牲羊犬豕于百神水土社二千七百有一。”用顾颉刚先生的话说，“这实在是震古铄今的一回大典礼。”[②]按照周人的说法，皇天上帝改其元子，文王受了天命，周人才得以代殷而有天下。如今武王大功告成，回周复命，理应答谢上帝并告祭文王，不会只是“维告殷罪，”“古闻朕文考修商人典，以斩纣身告于天于稷。”而不提文王受命之事吧？在祭告太王至邑考诸先君时也没有把文王放在特殊地位。可见此时文王受命之说还没有出胎。

它是克商以后才编造的神话

殷周之际，人们普遍认为，上帝具有绝对权威。他要改换天子，并不困难。而我们在文献中所看到的，却是五花八门：受命者有七种，受命内容有十种，受命的方式有六种。何也？

《逸周书·商誓》是最早讲到受天命的文献，其中武王自己就有三种不同的说法：1.“上帝弗显，乃命朕文考曰：‘殪商之多罪纣’。” 2.“上帝命我小国曰：‘革商国’。” 3.“帝……命予小子：‘肆伐殷戎’。”如果说上帝三次发令，那也太不严肃了。况且，天既命文王，文王未执行，是不为？还是不能？如不为，是对上帝不忠，如不能，则是上帝不明，如何解释？看来，武王只是反复强调天命，并不考虑这些问题。

出现以上多种说法，只能有一种解释，那就是，当初编造这一神话，只是为了利用“天命”这一武器，并不需要提供具体情节。历代开国之君，都不免被其后人编造一套神话，周人质朴，既没有编造故事，也没有统一口径，所以难免随意陈述。

既然文王受命是最荣耀的事，为什么文王时期以至武王克商之时，周原甲骨文、金文、文献都只字不提？而克商以后尤其是武庚叛乱以后却大讲特讲？很明显，它是在克商以后才编造出来的。在当时人们的观念里，上帝主宰一切，无论祸福、丰歉、战争胜负、娶妻生子，无一不是上天的安排。武王以小邦周伐大邦殷，一朝而举之，人力不至于此，是天助我也，视为天意实在是很自然的。克商之后，如何统治广大殷民已成为主要问题。于是宣扬天命，说从前商革夏命是天命，今纣为无道，周革商命也是天命。这样，殷民就

---

① 刘起舒：《尚书学史》，中华书局 1996 年版，第 28～31 页。

② 顾颉刚：《逸周书世俘篇校注写定与评论》，载 1963 年 4 月《文史》第二辑。

不敢反抗，老老实实地接受周人统治了。这在周公对殷多士的训话中，体现的淋漓尽致。顾颉刚先生在《商周间的神权政治》一文中，对此有生动通俗的解说，兹不赘。

这里，我想用刘雨先生的一段话，来作为本章的结论：

大凡一个政权的建立，必要提出一个新理论，用以说明自己存在的合理性。周人提出的“文王受天命”的理论，是对付强大的殷遗民的有效精神武器。①

文王受命既无其事，文王受命纪元也就不存在了。

四、文王即位纪元也是后人所编

目前只有三条资料。

1.《逸周书·小开》：“维三十有五祀，王念曰：多口，正月丙子拜望，食无时，汝开后嗣谋……”或以为月食，查刘宝林月食表，在公元前11世纪，只有公元前1065年夏正正月丙子后半夜有过月食。由此下推，至文王五十一年崩（《吕氏春秋·制乐》）、再至武王十一年克商，为公元前1038年，西周历谱难以安排，恐怕不是月食。此篇也不像西周文体，且有四时之序，当作于春秋以后。

2. 近出《清华简·保训》曰：“惟王五十年，不瘳，王念日之多鬲，恐坠宝训，戊子，自溃，己丑，昧[爽]，……[王]若曰：发……”假文王之遗言宣扬中道。大家知道，文王终生致力于翦商，未能如愿，给太子的遗言，应以此为头等大事，何以只字不提？又，尧舜作为古圣王，是春秋后期才出现的，最早见于《论语·尧曰》：“尧曰：咨！尔舜！天之历数在尔躬，允执其中。”顾颉刚先生曾说“这是《论语》中最不可信的一篇”②，即便可信，尧舜之名也不会出现在殷周之间。《保训》应是战国人所作。

3.《吕氏春秋·制乐》：“周文王立国八年，岁六月，文王寝疾，五日而地动……”此篇所讲止殃翦妖事，都是战国方士的妄说，可信程度最低。

以上三篇，由于晚出，不能确定实有其事，也就难以作为文王即位纪元的证据。

五、文王时以殷纪元

《太平御览》引《竹书纪年》曰：“帝乙二年，周人伐商。”因季历为文丁所杀，帝乙二年当在文王之世。

南宋末，金履祥作《通鉴前编》，有“纣辛六祀，西伯初禴于毕。”一条，自注：“《竹书纪年》曰：纣六祀，周文王初禴于毕。”他本不信《纪年》，只因文王是圣人，以资料珍贵而采录，又因不信文王受命称王，而改称西伯。唐僧一行《大衍历议》也有“纣六祀，周文王初禴于毕。”之文，殆亦采自《纪年》。《纪年》在北宋时已佚，刘恕未见，故《通鉴外纪》无此条。金履祥所据者当是南宋时得之民间的残本。《通鉴前编》一反前人“武王九十三而终”之

① 刘雨：《金文论集》，北京，紫禁城出版社，第50页，2008年。

② 顾颉刚：《古史辨伪与现代史学》，上海，上海文艺出版社，第210页，1998年。

说，排出武王以壬辰生、乙酉卒，说“武王年五十四”，亦当采自《纪年》残本。由此可知，“纣六祀”一条，必是《纪年》之文，方诗铭《辑证》未收，失之。

《纪年》成于魏国史官之手，其所记晋事，应为晋史所固有，所记周事也应沿于周史。周公说，“惟殷先人有册有典”，足见周之先人无史册，至季历时，初有史以纪事，见于辑本《纪年》者有：

武乙三十四年，周王季历来朝，武乙赐地三十里，玉十瑴，马八匹。

三十五年，周王季伐西落鬼戎，俘二十翟王。

文丁二年，周人伐燕京之戎，周师大败。

四年，周人伐余无之戎，克之。周王季命为殷牧师。

七年，周人伐始呼之戎，克之。

十一年，周人伐翳徒之戎，捷其三大夫。

殷墟甲骨文已证明，《史记》的殷王世系是可信的，只有少数错误，而古本《纪年》的殷王世系，虽有缺佚，却与《史记》相同，且早于《史记》，弥足珍贵。则《纪年》的“周王季历”与“周文王”诸条，也必有所据，非后人所能伪造者。

由《纪年》的上述诸条可以证明，季历时用殷纪元，文王继之，至武王或武王克商始以周纪元。

殷代未见诸侯自行纪元之例。周因于殷礼，西周的邦君、诸侯，也不会自行纪元。如倗伯爯簋的“隹廿又三年”、乖伯簋的“隹王九年”、晋侯苏钟的“隹王卅又三年”等，都是以其宗主国纪元的。幽王十一年，申侯等拥平王叛立，纪元年，及幽王死，周室更立携王，以明年为元年，二王并立，其元各异，诸侯无所适从，才自行纪元的。而文王既臣服于殷，不当自行纪元，其以宗主国纪元，则是十分正常的。

由此可知，不仅文王受命纪元不存在，文王即位纪元也不存在，皆后人所为。

西汉的经师们，固步自封，排斥古文，沉溺于阴阳五行，汲汲于功名利禄，从不考证史实。刘歆独具卓识，力争古文的合法地位。他利用中秘古文，整理了一套古史系统及其年代，又伪造“岁在鹑火”等篇章，使之与《三统历》的天象相符，作成《世经》，为历代学者所重，垂两千年。顾颉刚先生以毕生精力研治《尚书》，经过艰辛的考证和疏理，才把刘歆的这一古史系统戳穿，尚未顾及文王受命纪元。直到现在，许多学者虽然已经摒弃了刘歆的克商年份，却仍然相信文王受命十三年克商之说，以致给夏商周断代工程及《清华简·耆夜》等文献的研究，带来若干障碍，须要清除。

帝乙归妹正解

《易·泰》爻辞曰："六五：帝乙归妹，以祉元吉。"《归妹》爻辞曰："初九：归妹以娣，跛能履，征吉。""六三：归妹以须，反以为娣。""六五：帝乙归妹，其君之袂不如其娣之袂良，月几望，吉。"

魏人王弼注曰："妹者，少女之称也。"按《尔雅·释亲》："女子先生为姊，后生为妹。"帝乙归妹就是帝乙嫁妹，是为正解。王弼之说，全无根据，旨在将帝乙嫁妹释为帝乙嫁女，乃是曲解。

何以如此？彼时《纪年》尚未出土，文献又无季历之事，人们但知文王事纣，以为文王与纣同辈，于是就只能娶帝乙之女了。后世的《帝王世纪》《皇极经世书》《通鉴外纪》《通鉴前编》莫不以为季历卒于帝乙时。

今据《纪年》，"武乙三十四年，周王季历来朝……"，"三十五年，周王季伐西落鬼戎……"，文丁二年、四年、七年、十一年皆有周人伐戎之事。至十一年，忽然中止，以后再无文丁与季历之事，疑季历被杀或被囚即在此年，明年为文王元年。文丁二十二年卒，帝乙立，"帝乙二年，周人伐商。"当文王十三年。周人造反了，但帝乙并未兴兵讨伐，而是采取柔抚政策，嫁妹于周。此时武王已经出生（详见《晚殷年历谱》所附《晚殷先周年表》），文王有太姒为夫人，帝乙之妹只好做侧室了。

"归妹以须，反以为娣。"《说文》："娣，同夫之女弟也。"就是侧室。原来帝乙归妹是要做正室的，反而做了侧室。

"其君之袂不如其娣之袂良。"君，女君也，指太姒。是说正室的服饰不如侧室的好。语意明畅，将"娣"释为陪嫁女反而难以解释了。

帝乙归妹，在《诗经》中是有反映的。

《大雅·大明》，叙文王武王的出生至武王伐商，共八章：第一章，天将亡殷，二章，王季娶太妊，三章太妊生文王，四章文王娶太姒，五章娶商王之女，六章太姒生武王，七八两章武王伐商。其第五章曰：

> 文王嘉止，大邦有子。大邦有子，伣天之妹。文定厥祥，亲迎于渭。
> 造舟为梁，不显其光。

大邦即大邦殷，亦即此篇两次提到的大商，是周的宗主国，周人与商王通婚，迎亲也特别排场。所以此章就是帝乙归妹。

第六章的"缵女维莘"，毛传曰"缵，继也。"因谓太姒为文王继妃，则第四章为文王娶元妃。此说有难通之处：1. 文王娶太姒在帝乙归妹之前，《大明》篇不当置于归妹之后。2. 四章若指文王元妃而非太姒，不当连个姓氏都没有。第四章有地点而无姓氏，第六章有国氏而无地点，正说明两章都指太姒，是互文见义，以避免重复。

此篇旨在讲文武的来历以至伐商，本与帝乙归妹无关，却在文王娶太姒与太姒生武王之间插入一章帝乙归妹，破坏了文意的连续性，何也？只因商王是天下共主，能娶商王之女，乃周人的荣耀，是不可忽缺的。

《书·酒诰》曰："自成汤至于帝乙……不敢自暇自逸。"《多方》曰："至于帝乙，罔不明德慎罚。"《多士》亦然。可见在周人的心目中，帝乙还是个明君。

周原凤雏出土甲骨1号卜甲记有周王在帝乙宗庙祭祀成唐之事，证明周原建有帝乙宗庙。

周人对帝乙的尊崇，说明帝乙的柔抚政策是成功的，促进了中原与周边民族文化的发展，开创了后世如汉武帝之于乌孙、唐太宗之于吐蕃和亲政策的先例。

西周的月首

一月之始，春秋以来用朔，是历家推算来的。西周时还不会推算，由直观决定，即以新月初现为生霸，残月初伏为死霸，还处在观象授时阶段。直至幽王三年的颂鼎、簋、壶，仍用生霸死霸。可见直到西周末年，仍以朏为一月之始，尚未进入历法推步阶段。

《诗·十月之交》曰："朔月辛卯，日有食之。"此诗作于幽王二年地震之后，皇父卿士作都于向之时，指斥八佞臣而不及虢石父，知虢石父尚未为卿士，盖作于幽王四年前后。诗中追述的辛卯日食在公元前781年五月朔日而月份记错，可见当时史官已有朔的概念，但尚未纳入历术。

朏的推算，要比朔复杂得多。西周时还不会步朔，更不用说步朏了。所以，一月之始，只能由直观来决定。由于天有阴晴，朏的观测，往往还会误后一、二日。

由已知西周的若干个月首与实际朏日的比较可知，西周的月首，经过两个发展阶段。

第一阶段，西周前期，以朏之次日为月首。这是因为，新月是在晚间才出现的，古人既不会推算，则昼间只能记作上月，晚间见到新月后，如果改记为下月，就会将一日分属于两个月，造成混乱，为史官所不取。所以虽然在理论上以朏为月首，但实际上是以朏之次日为月首的。以下四例可证。

西周早期月首举例

出处	历日	朏日及月首
《武成》	武王十一年[1] 一月壬辰 旁死霸	旁者，溥也，旁死霸即全无月光。武王十一年建丑。二月庚寅朔，当公历公元前1044年2月4日21时50分。是日晨，残月初伏，于时历为一月既死霸。初三壬辰朏[2]，因昼间新月未现，故称一月旁死霸。
《武成》	二月[庚申] 既死霸 越五日甲子	三月庚申朔，当公历3月6日14时15分。是日晨，残月初伏，故称二月既死霸。初二辛酉朏，只因连续三天未见新月，不知何日进入三月，所以至初五甲子，仍从二月既死霸算起。
《召诰》	成王五年 三月 丙午朏	成王五年建丑。三月甲辰朔，当公历公元前1036年3月8日4时29分。初二乙巳日落时月高14度，可见，因昼间已记作二月，故至次日始称"来三月丙午朏"。
矢令簋	昭王十六年 九月既死霸 丁丑	昭王十六年建丑。十月乙亥朔，当公历公元前980年10月11日1时20分。初二丙子日落时月高12度，可见。而铭称"九月既死霸丁丑"，当因初二傍晚未见新月，故次日仍称九月。

① 本文所排年份，详见拙著《先秦年代探略》。合朔日辰及时刻，据张培瑜《中国先秦史历表》。

② 初二日落时月亮的地平高度，是以刘次沅《从天再旦到武王伐纣》(世界图书出版公司2006年)第142页表4的数据为基础，略加补充而来(因我不会计算，容有误差)，10度以上可见新月。

刘歆《世经》引《周书·毕命丰刑》有"康王十有二年六月庚午朏"，这个历日与小盂鼎的历日相矛盾，必有误，故不取。

第二阶段，西周后期，史官已能有条件地预测朏日，部分地做到以朏为月首。资料不足，仅有二例。

西周后期月首举例

五年师旋簋	孝王五年九月既生霸壬午	孝王五年建寅。九月庚辰朔，当公历公元前 888 年 10 月 13 日 20 时 35 分。初二日落时月高 8 度，不可见，初三壬午朏。铭文记师旋受王命羞追于齐，应是昼间之事，昼间新月未现，而铭文已称九月，知这个九月，是由八月壬子朏，加 30 天的周期推算来的。
伯太祝追鼎	厉王卅二年八月初吉辛巳	厉王卅二年建寅。八月己卯朔，当公历公元前 836 年 9 月 9 日 12 时 34 分。初二庚辰日落时月高 3 度，不可见。初三辛巳朏，昼间新月未见，而铭文已作八月，知这个八月，是由七月辛亥朏加 30 天的周期推算来的。
晋侯苏钟	厉王卅四年二月既死霸壬寅	厉王卅四年建丑。三月庚子朔，当公历公元前 834 年 3 月 24 日 19 时 36 分。初二辛丑日落时月高 10 度，不易看到。初三壬寅朏，而铭文仍作二月既死霸，则西周晚期尚未完全做到以朏为月首。

由于学者都将五年师旋簋与元年师旋簋置于同一王世，这里略作辩解：五年簋为环耳圈三足，这种形制仅见于西周中期后段至晚期之初，与之全同者为师道簋，师道的右者益公，用事于共王后期至孝王之初。五年簋颈部饰鸟纹，而鸟纹在西周晚期已基本消失。不论器形纹饰，五年簋都早于晚期之初的元年簋，应为孝王时器。

史官能做到以朏为月首，是一大进步，其办法不外两种：一种是事后追记，一种是事先预测。先说事后追记，无论记述朝廷的文诰或个人的大事，都是非常严肃的，昼间既已记作上月，不可能晚间见到新月后又改作下月。因此，以朏的当天为月首，只能由预测而来。

一个月有 30 天应该是早已知道的。在天气晴朗的条件下，见到新月时，史官可以用 30 天的周期来预测下月朏日，其准确率只有 53%。如果天色阴翳，见不到新月，则无法预测。所以，西周后期，基本上仍以朏之次日为月首。

西周末，曾试验过一种最原始的朏策。

宣王四十二年逨鼎，详尽记载了"五月既生霸乙卯"周王的册赐典礼。这个历日与宣王时其他铜器的历日矛盾，一直无法解释。张培瑜先生以为此时历法已进入步朔阶段，乙卯是时历五月朔[①]。然而，朔日无月明，是不能称为既生霸的，幽王三年的颂鼎，称六月朔日甲戌(公历公元前 778 年 7 月 2 日)为五月既死霸，就是明证。我在《先秦年代探略》中，也曾将乙卯解释为忌日，都是错误的。应该考虑一种新的解释：

① 见《文物》2003 年 6 期 83 页。

西周历家经过二百多年的实践，观象授时已相当成熟，提出了编制来年历书的要求，宣王末期，曾经试用一种原始的朏策，即以 $29\frac{1}{2}$日为一月，这种朏策过小，不到三年就会先天一日。今按宣王四十二年五月乙卯朔，当公历公元前 785 年 5 月 20 日 7 时 52 分，推得初二丙辰日落时月高 18 度，明显可见，是五月丙辰朏。又推得四月丙戌朏、三月丁巳朏。如果史官由四月丙戌加 30 天预测，或由三月丁巳加 59 天预测，则五月朏日应为丙辰。而铭文作“五月既生霸乙卯”，应是由这种原始的朏策从若干个月以前推算来的。这一试验，由于所推朏日连续先天而失败，只好废止。

此后，史官在探讨新的历法中，从日中为一日之中，意识到夜半为一日之始，从满月为一月之中，意识到晦朏之间为一月之始，产生了朔的概念，又经过多年的观测和检验，到春秋初，确定了 $29\frac{21}{40}$的朔策[①]，才开始进入历术推步阶段。它的创立，当在幽王之灭至鲁隐公元年这 58 年之中。

① 见拙著《春秋历法探略》，载于《中国天文学史文集》第 6 集。

觌公簋与晋之始封[①]

觌公簋[②]铭曰："觌公作妻姚簋，遘于王命昜伯侯于晋，隹王廿又八祀，⋈。"它的发现，给晋之始封增加了重要史料。于是学界出现燮父封晋之说，而受封的王世既不确定，具体年份也无法安排。可见问题复杂，值得进一步探讨。

晋之始封君是唐叔虞

《国语》和《左传》都是比较可信的文献。

《国语·晋语四》齐姜曰："吾闻晋之始封也，岁在大火。"又，董因曰："岁在大火……唐叔以封。"两处所说是同一件事，则晋的始封君是唐叔。

《左传》定四年云：

> 昔武王克商，成王定之，选建明德，以藩屏周。故周公相王室，以尹天下，于周为睦。分鲁公以……殷民六族……因商奄之民，命以《伯禽》而封于少皞之虚。分康叔以……殷民七族……冉季授土，陶叔授民，命以《康诰》而封于殷虚，皆启以商政，疆以周索。分唐叔以大路、密须之鼓、阙巩、沽洗，怀姓九宗，职官五正，命以《唐诰》而封于夏虚，启以夏政，疆以戎索。

这里，《左传》只说封鲁公于少皞之虚、封康叔于殷虚、封唐叔于夏虚，怎么知道是封于鲁、卫、晋呢？这是因为，伯禽所封的商奄，即今曲阜，亦即鲁；康叔所封的殷墟，《史记》说在"河淇间"，在晚殷的中心地区，后世称为朝歌，亦即卫；那么唐叔所封的夏虚，《史记》说在"河汾之东"，就是已经考古学证明了的早期晋都天马——曲村遗址，当然是晋了。

由此可以得出三点认识：

一、始封于晋的是唐叔。

二、鲁、卫、晋三国，都是天下初定之时，为了藩屏周而分封的，而且是周公的决策，必在成王之世。

三、称伯禽为"鲁公"，当是前已封于鲁(今鲁山)，又徙封于奄的。《康诰》是徙封康叔的诰命，因前已封于康，故名。则《唐诰》也当是徙封唐叔的诰命，因前已封于唐，故名。三者都是徙封。

《左传》昭十五年记周景王对晋人说："叔父唐叔，成王之母弟也，其反无分乎？密须之鼓，与其大路，文所以大蒐也。阙巩之甲，武所以克商也。唐叔受之以处参虚，匡有戎狄。"也是唐叔封于晋的补充史料。

---

① 本文原载于北大《古代文明研究通讯》2008年12月。有删节。

② 朱凤瀚：《觌公簋与唐伯侯于晋》，《考古》2007年第3期。

《左传》昭十年，有星出于婺女，郑裨灶曰："告邑姜也。邑姜，晋之妣也。"这一段文字是在岁次——分野说出现之后为战国人所编，战国以来母死曰妣，由此也可知晋的始封君是邑姜之子。

这些都证明始封于晋的是唐叔而不是其子燮。

唐，金文作昜，觋公簋的"昜伯"，就是文献的唐叔。唐叔名夨，文献作虞，《史记》"有文在其手曰虞"，本为夨字。北赵 M114 出土叔夨方鼎，就是唐叔自作器，因是成王之弟，在周王面前称名，故称叔夨。而食采于昜，以封爵名之，则称昜伯。

觋公簋的形制纹饰属西周早期，而它的字体已比周初有所变化，尤其"于"字作简体，似应作于康世，但这并不影响所记为成王时事。

晋、唐非一地

叔夨由昜徙封于晋，本来与唐无关，只因文献相混，致生岐义，今试作梳理。

《左传》昭元年郑子产曰：

> 昔高辛氏有二子，伯曰阏伯，季曰实沈，居于旷林，不相能也，日寻干戈，以相征讨。后帝不臧，迁阏伯于商丘，主辰。商人是因，故辰为商星。迁实沈于大夏，主参。唐人是因，以服事夏、商，其季世曰唐叔虞。当武王邑姜方震太叔，梦帝谓己："余命而子曰虞，将与之唐，属诸参，而蕃育其子孙。"及生，有文在其手曰"虞"，遂以命之。及武王灭唐而封太叔焉，故参为晋星。

这段话是战国前期岁次——分野说的创立者所加工编造的神话。当时已不知唐是昜的假借字，也不知晋是由昜徙封来的，认为唐地就是晋地，遂致混淆。

《史记》说："武王崩，成王立。唐有乱，周公诛灭唐……于是遂封叔虞于唐，唐在河、汾之东，方百里，故曰唐叔虞。"与《左传》是一脉相承的。

晋、唐非一地，理由如下：

一、晋、唐都是原有的地名。

二、早期晋都天马——曲村遗址，未见任何晚商城邑遗存。[①]

三、如果晋、唐是一地，封晋之时，无须授民授土，何须周王册命？

古唐国虽非晋地，仍应在夏墟之内，卜辞称唐邑，是商王巡狩之地，乃商王属邑，未必是方国，所以"灭唐"之说还值得考虑，《诗·唐风》有首阳山，则唐在涑水盆地的可能性大。

昜地探索

金文所见，周代封国之君，畿内称伯，四方称侯。叔夨称"昜伯"，其封地应在周畿之内。"晋居深山，戎狄之与邻，而远于王室。"[②]故称侯。河东尚有霍侯、虞侯、杨侯、筍侯，可知此地不属畿内。至于绛县发现倗伯之国，则畿外也有称伯者，但都是非姬姓的土著方国，故不称侯。它如𤔲方鼎之丰伯、夨令簋之楚伯，并同此例。

① 李伯谦：《尧公簋与晋国早期历史的再认识》，古代文明研究通讯总第 33 期。

② 《左传》昭十五年。

易地所在，懿、孝时的同簋提供了一点线索，其铭曰：

隹十又二月初吉丁丑，王在宗周，格于太庙，荣伯右同立中廷北乡，王命同左右吴大父，司易林、吴、牧，自淲东至于河，厥逆至于玄水……

周王命同辅助吴大父，管理易地的林、虞、牧。铭文事例与免簠相仿。免簠铭曰：

隹三月既生霸乙卯，王在周，命免作司土，司奠还、林眔吴眔牧……

这是周王命免作郑地的司徒，管理苑、林、虞、牧。

郑地与易地的官员由周王册命，可知在西周中期，两地皆为周王直属领地。郑地近岐周，故免在岐周受命，而同在宗周受命，易地应近宗周。淲与玄水未知所在，应不出畿内河西之地。

晋公盨、晋公盘云："王命䵼公，建宅京𠂤。"知京师是晋人对其先公所居的尊称。据清华简《系年》，携王九年，"晋文侯乃逆平王于少鄂，立之于京𠂤。三年，乃东徙，止于成周。"盖以平王所居，故又称王城。《读史方舆纪要》卷五十四说："王城在(朝邑)县东三十步"，即《左传》僖十五年秦晋会盟及二十四年晋侯脱会秦伯之处。有待考古学的验证。

廿又八祀的定位

晋之始封君既是叔夨，则受封当在成王之世。

《史记》和《纪年》都说："成、康之际，天下安宁，刑措四十余年不用。"知成、康二世不足五十年。令方彝铭有康宫，是康王宗庙，彝铭记"王命周公子明保，尹三事四方，受卿事寮。"这个王当是昭王。从周公之子能活到昭王时来看，成、康二世也不会超过五十年。而小盂鼎已有康王廿五年，所以成王不可能有廿八年。

目前，具备年月日的西周彝器，已有八十多件，学者对青铜器的分期断代也有相当经验，因而通过纪年铜器编制西周年历谱已成为可能。目前所提出的方案虽然还有不少问题，但在西周总年数框架之内，以成王为廿八年，西周诸王年数就无法安排。

成王既无廿八年，这个问题就需要另辟蹊径。还是从"岁在大火"入手吧！

《国语》和《左传》的岁星所在，是战国初期三晋史官根据历史年数依岁星十二年一周天逆溯来的，除"武王伐殷岁在鹑火"为刘歆伪造外，其余年份经过推算都是可信的。《国语》是三晋史官所作，于晋之始封，也必有所依据。

由此推算，晋之始封岁在大火，于成王之世，只合公元前1039年和公元前1027年两个年份。公元前1039年当成王二年，正在定乱之时，不可能封晋，只有1027年合适。

觋公簋何以称为"廿又八祀"？是用了武王纪元。

武王克商的年份，在夏商周断代工程所确定的范围之内，通过《周书·武成》即《逸周书·世俘》所提供的三个定点月相日辰，可以推定在公元前1044年3月5日甲子。详见拙著《先秦年代探略》，此处不赘。而据《新唐书·历志》引《纪年》，事在武王十一年。则公元前1027年当武王二十八年。

古时诸侯邦伯，在其国内称王，不为叛逆。文王称王后，仍服事于商，并祭祀殷先王，未曾与商决裂，无由自行纪元。至武王始用周纪元。觋公簋以周纪元，又不用时王纪年，这在金文中尚无同例，有待进一步探讨。

𣄰簋、虎簋盖的断代与共王年份

吴镇烽、朱艳玲先生的《𣄰簋考》(《考古与文物》2012 年 3 期)，提出了共王在位二十八年以上的新说，突破了以往各家的论断，对于西周年代的研究和铜器断代都有重要意义。现作若干补充。

𣄰簋应排除穆世

𣄰簋的形制是附耳盂形簋，与之形近者有：长安花园村 M15 簋、伯㦰簋、不寿簋、扶风刘家出土伯簋等。前两件为穆王时器。不寿簋颈部饰以有目 4 式窃曲纹(一图有目、一图无目，为一单元)[①]，这种纹饰最早见于楚簋、史密簋、六月大簋，是懿王时才出现的，不寿簋的王姜为懿王之妃，可定为懿王时器。扶风伯簋颈饰变形长鸟纹，晚于穆世，属西周中期后段。

𣄰簋的纹饰为 S 形顾龙纹，这种纹饰最早见于穆世的㦰方鼎、命簋，晚者可到厉王初期的晋侯对盨。

因此，从形制纹饰，只能定在西周中期，难以进一步断代。

但由以下两方面，可以确定非穆王时器。

一是文字方面：

金文贝字的形体，有明显的变化。穆王以前都作像形，下部开口。形是共王初期才出现的，见于穆公簋盖、𢦏簋盖和尹姞鬲，共王后期又出现了形，见于士山盘、訇簋、趞簋，延及后世。穆王以前未见一例，个别有下部封口者，见于剌鼎，作形，它是由字左右连笔而形成的，不属于、二形。𣄰簋宝字所从的贝字，亦为形，封口而有两足，不可能是穆王时器。

二是历日方面：

裘卫簋的历日是：“廿又七年三月既生霸戊戌”。因既生霸在初二至十五间，则朔日限在甲申—丁酉间。

鲜簋的历日是：“卅又四祀五月既望戊午”

由廿七年三月到卅四年五月，计 7 年又 2 个月，其间闰月应为 2 或 3 个。

若有 3 个闰月，则由廿七年三月甲申—丁酉朔，经 89 个月即 2628±1 天，至卅四年五月朔，应在辛未—丙戌间，而此月无戊午，不可取。所以只能有 2 个闰月。

今以两个闰月计，由廿七年三月朔，经 88 个月即 2599±1 天，至卅四年五月朔，应在壬寅—丁巳间。只有当壬寅或癸卯朔时，才可在 16 日或 17 日得戊午既望。也就是说，只有廿七年三月朔日为甲申时，才能有卅四年五月既望戊午。

---

① 见王世民、陈公柔、张长寿著：《西周青铜器分期断代研究》，北京，文物出版社，第 185、187 页，1999 年。

斻簋的历日为“廿又八年正月既生霸丁卯”，今由廿七年三月甲申朔，加 10 个月即 295 ±1 天，至廿八年正月朔为己卯±1 天，而此月无丁卯，所以斻簋应排除穆世。

斻簋既晚于穆王，当在共王以下求之。

虎簋盖应断入共世

虎簋盖铭记，“隹卅年四月初吉甲戌，王在周新宫，密叔内右虎……更乃祖考足师戏司走马驭人……”

周新宫又称周康宫新宫，是建筑在岐周康宫内的先王宗庙。它还见于十五年趞曹鼎、士山盘、师汤父鼎、师遽簋盖、殷簋、望簋，时代都在共、懿二世。而懿王时的五祀卫鼎有“卲太室”，即卲宫的太室，此器出土于周原，知此卲宫即周卲宫(见鄸簋)，又称周康卲宫(见趞鼎、颂鼎)。《纪年》曰“穆王十七年，西王母来见，宾于昭宫。”昭宫即卲宫，是穆王为其父昭王所建的宗庙。共、懿时，周康宫内卲宫与新宫并存，则新宫只能是共王之父穆王的宗庙。厉王以后，周康宫内新建了夷王宗庙，乃将周康新宫改称周康穆宫(见克盨、伊簋、寰盘，逨鼎)，周新宫既作于共王时，虎簋盖就不会早于共世了。

虎的右者密叔，又见于趩簋。趩簋的贝字作目形，共王时始见，“取徵五寽”最早见于共王时的𢦏簋盖。《国语》，“共王遊于泾上，密康公从，有三女奔之，康公不献，……一年，王灭密。”知共王时有大臣密康公，是密国之君，为共王所灭。密康公应即金文的密叔，则趩簋亦共王时器。

虎的赐物中有“旂五日”，又见于王臣簋、师道簋、弭伯簋、辅师𠭰簋、𡨦盘，都是西周中期后段之器，而以虎簋盖为最早，谅不致早到穆王之世。

虎簋盖铭的师戏，又见于豆闭簋。豆闭簋是兽首衔环耳圈足簋，这种形制仅见于西周中期后段至晚期之初，最早者为訇簋、休盘，都不早于共世。豆闭的右者井伯，还见于长囟盉与七年趞曹鼎，井伯用事于穆共二世。豆闭的赐物⊗市，它器都作赤⊗市，又见于楚簋、望簋、走簋、扬簋、免簋等十余器，最早者为𢦏簋盖，是共王初期器，其余都在西周中期后段。所以豆闭簋也不会早于共世。

由以上四个方面来看，虎簋盖应断为共王时器。

共王年份

据此，共王享国当在三十年以上，斻簋也只能是共王时器。过去囿于旧说，多数学者以为穆王享国既久，共王不会有三十年，而将虎簋盖置于穆世，是不妥的。我在《先秦年代探略》中也将虎簋盖置于穆世，应予订正。依订正后的金文历谱，共王立三十一年卒。彝铭历日改定如下：

重订共王历日检验表

王世	彝铭历日	公元前年份及正朔	拟合历日
穆王	裘卫簋：廿七年三月既生霸戊戌	950年 建丑 正月乙酉朔	三月甲申朔，15日戊戌
	鲜簋：卅四年五月既望戊午	943年 建丑 正月甲辰朔	五月壬寅朔，16日丁巳望，17日戊午
共王	卫盉：三年三月既生霸壬寅	935年 建寅 正月丁亥朔	三月丙戌朔，16日辛丑4时望，因天色阴翳未见满月，故次日壬寅仍称既生霸。
	师酉鼎：四祀九月初吉丁亥	934年 建寅 正月辛巳朔	九月戊寅朔，10日丁亥。
	师䣄鼎：八祀正月丁卯	930年 建寅 正月戊午朔	正月戊午朔，10日丁卯。
	段簋：十四祀十一月丁卯	924年 建丑 正月甲寅朔是年有闰	十一月己酉朔，19日丁卯。
	趞曹鼎：十五年五月既生霸壬午	923年 建寅 正月戊寅朔	五月乙亥朔，8日壬午。
	士山盘：十六年九月既生霸甲申	922年 建丑 正月壬申朔是年有闰	九月丁卯朔，17日癸未9时望，因天色阴翳未见满月，故次日甲申仍称既生霸。
	休盘：廿年正月既望甲戌	918年 建寅 正月戊申朔	正月戊申朔，27日甲戌。
	㽙簋：廿八年正月既生霸丁卯	910年 建丑 正月壬戌朔是年有闰	正月壬戌朔，6日丁卯
	虎簋盖：卅年四月初吉甲戌	908年 建丑 正月庚辰朔	四月己酉朔，26日甲戌
	卅一年卒	907年 建丑 正月乙亥朔是年有闰	

说明：冬至在十一月为建寅，在十二月为建丑。

王伯姜、王仲姜与周王后妃

——证孝王为懿王弟

刘启益先生在《西周金文中所见的周王后妃》①一文中，论证了周王隔代与姜姓为婚，他们是：武王、康王、穆王、懿王、厉王、幽王，这是一项重要发现。但也有不足之处，如误读小臣传卣之“王[illegible]京”为王京，而谓孝王妃为王京，便是一例。其后，蔡运章先生作《西周金文中周王的任姓后妃》②，又做了补充。

王作仲姜鼎与王伯姜鼎出土后，丰富了它的内容，也带出了新的问题。周王之妃为何要分伯仲？他们又属于哪个王世？

王伯姜之器有鼎、壶、鬲。

鼎为附耳盆鼎，足根有扉棱和兽首，颈饰窃曲纹，腹饰大波曲纹。铭曰“王伯姜作季姬福母隮鼎，季姬其永宝用。”与之形制纹饰相同者未见。

波曲纹流行于西周晚期，而中期之末已经出现在伯鲜盨与应侯爯盨的圈足上，波峰间装饰简单，属于波曲纹的前期形态。这两件盨但称“尊彝”、“旅簋”，尚无专名，应是孝王时器。波曲纹之最早者还见于十三年瘐壶、师望壶、弭叔壶、㺘盂，也不会早于孝世。

十三年瘐壶早于三年瘐壶，是孝王时器。师望壶的形制纹饰全同三年瘐壶、弭叔壶、幾父壶、番匊生壶，当在夷王前后。

从文字看，王伯姜鼎铭宝字所从的贝字，作[illegible]形，两足在体外而下部尚未封口，是由像形向“貝”形的一种过渡形体。这种形体还见于五祀卫鼎、即簋、庚季鼎、太师虘簋、伯鲜盨、元年师旋簋、小克鼎甲等器，都在西周中期后段至晚期之初。

王伯姜壶：圆体鼓腹下垂，兽首螺角耳衔环，颈饰大波曲纹，腹饰由单排重环纹组成的大十字带，交叉处有菱形凸起。铭曰：“王伯姜作隮壶，其万年永宝用。”与之形制纹饰相同者是十三年瘐壶，孝王时器。而形制相同者有三年瘐壶、师望壶、幾几父壶、弭叔壶、应侯壶，番匊生壶等，则都在夷王前后。

重环纹流行于西周晚期。最早见于大簋盖、十三年瘐壶、师望壶、师同鼎、夨王簋盖、宰兽簋、伯鲜盨，都不早于孝世。

王伯姜鬲，无耳，蹄足有扉棱，腹饰变形龙纹。形制纹饰都不早于夷、厉。

由此看来，王伯姜诸器的时代，只在孝王至厉王之间。

王作仲姜鼎，是立耳盆鼎，腹较深，足根有兽头和扉棱，颈饰有目4式窃曲纹，铭曰“王作仲姜宝鼎”。与之形制纹饰相同者仅有散伯车父鼎，是夷厉时器。

立耳盆鼎之腹较深者，西周晚期已经很少，仅见于厉王初期的噩侯驭方鼎和禹鼎。则

① 见《考古与文物》1980年第4期。

② 见考古与文物丛刊第二号《古文字论集》(一)，1983年。

王作仲姜鼎不会晚于厉世。

有目 4 式窃曲纹(见王世民、陈公柔、张长寿：《西周青铜器分期断代研究》文物出版社，187 页)，以一图有目一图无目为一单元，对称或连续，如图：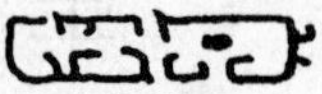。这种纹饰流行于西周中期后段至晚期前段。最早者见于懿王时的楚簋、史密簋、不寿簋。可见王作仲姜鼎的时代不早于懿王之世。

通过以上的分析可知，王伯姜、王仲姜之器，只在懿王至厉王之间。

周至出土王作姜氏簋，是兽首耳垂珥圈三足簋，三足上有兽首下有兽爪。盖沿和器口皆饰有目 4 式窃曲纹，腹饰瓦纹。铭曰：“王作姜氏隮簋。”

王世民先生指出：“与王作姜氏簋的形制和纹饰完全相同的，仅有保利艺术博物馆收藏的虎叔簋。长安张家坡窖藏出土的白喜簋，则器形相同，纹饰稍有差异。”①此伯喜即伯梁父，名饎字粱父，此人之器晚于师旋簋，应在厉王之时。

有目 4 式窃曲纹，虽然可以早至西周中期，但兽首带珥耳圈三兽足簋却是西周晚期所特有。簋之增三足，西周早期即已出现，如小臣 谜簋、齐仲簋。其足根部加兽首者，始于西周中期前段，如吕姜簋、遹簋。至于足下部呈兽爪形或象鼻形，出现又晚，最早者见于懿王时的楚簋及孝王时的扬簋、散伯簋、弭伯簋、五年师旋簋，但只施于环耳簋和无珥簋上。其施于兽首带珥耳簋者，出现更晚，始见于元年师旋簋、弭叔簋、散车父簋甲、噩侯簋，都不早于夷世，必为西周晚期器。

由此看来，王作姜氏簋决不能早于夷王，此姜氏应即厉王元妃，是申国之女，宣王之母，但称王姜，不须冠以伯仲。故王伯姜与王仲姜应排除厉世，而断入懿王这一代。

王伯姜与王仲姜既属懿王一代，何以要分伯仲？当然不会是周王同时立两位正妃，如果是一前一后，元妃卒而立继妃，那么，元妃应但称王姜，是不可能预知自己要早死而冠以伯仲的。

只能这样解释：王伯姜与王仲姜是并时之人，为了区别才冠以伯仲的。

懿王元妃王姜，见于不寿簋，不寿簋是附耳圈足簋，颈饰有目 4 式窃曲纹，铭曰：“隹九月初吉戊辰，王在大宫，王姜赐不寿裘，对扬王休，用作宝。”前已论述，有目 4 式窃曲纹最早见于懿王时，则此器不可能早于懿世。

懿王卒，孝王立，孝王元妃姜氏，见于蔡簋。铭曰：

> 隹元年既望丁亥，……宰曶入右蔡立中廷，王呼史年册命蔡，王若曰，蔡，昔先王既命汝作宰，司王家，今余隹申京乃命，命汝……死司王家内外……司百工，出入姜氏令……。

宰曶又见于太师虘簋，史年又见于望簋、王臣簋、瘨盨、谏簋、扬簋，它们都是懿王后期及孝王时器，蔡簋当为孝王元年器。孝王命蔡为内宰，姜氏自是孝王元妃。

这时有两个王姜，一个是懿王妃，一个是孝王妃，为了避免混淆，于是冠以伯仲。王作仲姜宝簋就是孝王之器，因懿王时只有一位正妃，但称王姜，不须冠以伯仲。

《史记》在《三代世表》中，说孝王是懿王弟，在《周本纪》中又说是共王弟，二说皆有所

① 王世民：《王作姜氏簋》，《文物》1999 年 9 期。

本，太史公两存之，是其审慎处。今据金文资料，应从《三代世表》。

从铭文可以看出，孝王称懿王为先王，即位后并没有"一朝天子一朝臣"，不但未更换大臣，连内宰都未换，可见他们兄弟之间亲密无间，并无宫廷争斗之象。

孝王卒，夷王立，王伯姜作为太妃，尊显有加，往往出头露面，鼎、壶、鬲盖皆作于此时。王伯姜鼎是嫁其幼女季姬福母的媵器，夷王是其长子，长子与幼女可以相差十几岁，懿王卒时季姬尚幼，夷王立后才到出嫁年龄。鼎为媵器而无媵字，这在西周晚期是不多见的，但在西周早中期，却是正常现象，有媵字者反而很少，如公太史方鼎、簋，铭曰："公太史作姬鍙宝障彝。"媵字从玉与从贝从女无别，又省去舟字。

𫓹盂记天君使𫓹使于述土，为王家选秀女，此器腹饰波曲纹，不能早到共世。已故谢元震先生说："此盂当在夷王，天君是懿王后。"[①]这个天君也应是王伯姜。在这里，王伯姜是自称，天君则是对太妃的尊称。

天君亦见尹姞鬲、公姞鬲，尹姞鬲记共王初期，穆公卒，天君前来慰问，此天君即穆王妃王刜姜。王刜姜应是继妃，因穆王元妃应但称王姜，元妃卒，继妃立，不能仍称王姜，为了区别而加刜字。

西周大概是男子二十五而娶，女子二十而嫁，女年小于男，故周王卒后，常有王妃健在。如彝铭有康王妃王姜者多件，除叔卣外，基本上都是昭王时器。铭有王姒之器，见于保侃母壶、叔𩰫方彝和寓鼎，保侃母簋铭曰："保侃母赐贝于南宫"，南宫又见于中方鼎、𢾊甗、柞伯鼎，是康王时伐虎方的主帅，即《书・顾命》中的南宫毛，这些彝器都在康王时，可见成王妃王姒活到康王前期。

洛阳北窑 M37 出土的王妊簋，刘启益指出"与𬨎叔簋字体宛如一人手笔"[②]。𬨎叔簋铭曰："唯九月，𬨎叔从王，员征楚荆，在成周，諆作宝簋。"昭王十六年伐楚时，"九月既死霸丁丑"还"在炎"，𬨎叔簋九月已回到成周，可知是昭王十九年事，事在昭王之末而器作于穆王之初。同墓还出土墨书伯懋父簋，伯懋父用事于昭穆二世，而主要活动在穆王之世。王妊作为昭王之妃，此簋也应是穆王初期所作。

西周王妃表

王世	王妃	出处
武王妃	邑姜	《左传》：邑姜，晋之妣也。
成王妃	王姒	保侃母簋，叔𩰫方尊、方彝、寓鼎
康王妃	王姜	叔卣、旟鼎、夨令簋、息伯卣、作册睘卣
昭王妃	王妊	王妊簋
穆王妃	王刜姜	𢦏方鼎
共王妃		

---

① 谢元震：《西周年代论》，见《文史》二十九辑第 52 页。

② 刘启益：《西周昭王时期铜器的初步清理》，见《出土文献研究续集》，文物出版社，1989 年第 89 页。

王世	王妃	出处
懿王妃	王伯姜	懿王时称王姜，见不寿簋。孝王以后称王伯姜，见王伯姜鼎、鬲、壶。
孝王妃	王仲姜	王作仲姜鼎
夷王妃	王姞	䣄侯簋
厉王妃	王姜	王作姜氏簋
宣王妃	王妊	王作丰妊盉
幽王妃	申姜	西申之女

嫡长子继承制是西周宗法制度的核心。武王卒时，天下未安，成王也未成熟，武王不传弟而传子，成王、夷王卒时，太子也不成熟，皆未传弟，足见西周统治者极力维护宗法制度。因此，孝懿之间兄弟相及很不正常，必有缘故。

懿王元年的师訇簋铭曰：

……王曰：师訇！哀才(哉)！今日(旻)天疾畏，降丧，寡德不克䝿(忞)，故亡承于先王。乡汝及屯卹周邦，妥立余小子……

余小子是懿王自称，妥立余小子，似师訇有拥戴之功，如果此释不误，则懿王立时，统治集团内曾遇到一些难题，不像正常的太子继位那样顺利。

懿孝之间，虽为兄终弟及，却不尽然，因为孝王并未传子而是传给懿王之子。这里，我冒昧提出一个假设，即懿孝为孪生子，须要亲于一般兄弟，于是议定懿王传孝王，孝王再传懿王子，这样既体现了亲亲关系，又维护了宗法制度，或许是周人的苦心安排。

西虢东迁考

一、东迁前后的虢君世系

虢仲一支

据《郑语》“虢叔恃势，郐仲恃险，”《左传》“制，岩邑也，虢叔死焉。”知东虢为文王弟虢叔所封，则西虢为虢仲所封。

一、懿孝时有虢仲，见于何簋

何簋铭曰：“隹三月初吉庚午，王在华宫，王呼虢仲入右何，王易何赤市、朱亢、鑾、旂……”(形及盖铭见《续考古图》卷三，器铭见《啸堂》199 页。器盖同铭，仅行款有异。)铭文无所命官职，但记王赐命服，当是册赐。命服是显示等级身份之物，须有傧右并经史官册赐。西周晚期彝铭所记册赐过程最为详备，如七年师兑簋、趰鼎、寰盘、四十二年逨鼎等，而西周中期彝铭往往简略，或缺史官，或傧右史官并缺，如七年趞曹鼎、寏盘、四月敔簋等。何簋铭缺史官，应是西周中期器。

铭文的“王在华宫”还见于大夫始鼎，是西周中期器。

从文字看，此器赤市朱亢的亢字，它器皆作黄、衡，是系市的带子，作“亢”者仅见于㺇器、盠器、趞簋、师道簋、弭伯簋(作䡅)、宰兽簋等数器，都不晚于孝世。而铭文赤字所从之“火”，已由𤆍变为火形，这种写法最早见于懿王时的望簋、走簋、申簋盖。可见何簋不出懿、孝二世。

何簋是兽首带珥耳的圈三足簋，但三足上无兽面下无兽蹄，这种形制共王以前未见，夷王以后也已不见。与之形制相同者，还有同自簋[①]、𧶠簋[②]、师毛父簋[③]，都是懿、孝时器。所以何簋不会晚至厉王时。《续考古图》所录，器为瓦纹，而盖为窃曲纹，有违常例，疑为插配。即使如此，因器盖为同时所用，仍可作为断代的依据。

懿王时的五祀卫鼎有五大臣而无虢仲，知虢仲用事不出懿王后期至孝王之世。

二、厉王时有虢公长父，谥号叀仲

《后汉书·东夷传》据《纪年》曰：“厉王无道，谁夷入冠，王命虢仲征之，不克。”宝鸡

---

① 同自簋颈饰ω形顾龙纹，前垂大冠，尾末端作三角刀形，亦见于休簋、趞簋，皆西周中期器。

② 𧶠簋的“取徵五寽”，亦见于𢦏簋盖、趞簋、扬簋、羚簋，皆西周中期后段器。𧶠簋的“罘”字，目中有珠，这种写法厉王以后已经不见。

③ 师毛父簋的右者井伯，又见于五祀卫鼎、永盂、利鼎、救簋盖、师虎簋等器，都不会晚到厉王之世。

出土虢仲盨："虢仲以王南征，伐南谁夷……"即此事。

岐山出土"虢仲作姞尊鬲"，此鬲无耳，柱足略显蹄形，与虢季氏子段鬲、虢季氏子组鬲、虢硕父鬲、虢季鬲的肥蹄足大异，应是厉王时器，夫人姞姓。

此虢仲还见于公臣簋、柞伯鼎，皆厉王时器。

《吕氏春秋·当染》："周厉王染于虢公长父、荣夷终。"《荀子·成相》："孰公长父之难，厉王流于彘。"知虢仲为厉王卿士。

三、虢公长父之子早卒

《复斋》有四年虢姜簋、虢姜鼎，《考古图》卷三有虢姜簋盖，为同一人所作。簋盖铭的嘏辞"康娱屯右通录永命"，又见于宣王时的逨盘、四十二年、四十三年逨鼎及幽王三年的颂鼎、簋、方壶，虢姜的这些彝器应皆作于幽王四年或其前后。此为妇人作器，簋盖铭的"皇考吏仲"即虢公长父，其夫为虢公长父之子，早卒。

四、幽王时有虢硕父，名鼓

上村岭被盗墓出土虢硕父鬲，铭曰："虢仲之嗣国子硕父作季嬴羞鬲，其迈年子子孙孙永宝用享。"此鬲蹄足肥大，盖作于宣王后期。虢硕父为虢公长父之孙，此时已继为虢君。

上村岭 M2009 出土一盨，铭曰："虢仲作虢妃宝盨，子孙永宝用"，此盨甚大，形制属西周晚期，但口沿盖沿所饰窃曲纹却很特殊，为两个卧 S 图中夹一目，它处未见，已非厉宣时器。又，《三代》54 页有"虢仲作虢妃尊鬲，其万年子子孙孙永宝用"，与盨铭的"虢妃"当是一人，而虢硕父鬲夫人为季嬴，盖季嬴已卒，续娶妃氏。金文夫为妇作器，除周王外，例于妇姓前冠以母家氏名，间或省略，此器却冠以自己氏名，足见作器者气势高傲，此盨及鬲当是虢仲为幽王卿士时所作。

《吕氏春秋·当染》曰："幽王染于虢公鼓、祭公敦"，《国语·晋语一》："褒姒……与虢石甫比"，《郑语》："夫虢石父，谗谄巧从之人也，而立以为卿士……"知虢石父为幽王后期二卿士之一，导致幽王覆灭。

五、虢硕父之子，缺

上村岭 M2013 出土"虢仲作醜姜宝匿，其万年子子孙孙永宝用。"此墓出 3 鼎 2 匿 1 盘 1 匜，疑为虢硕父之子妇醜姜之墓。

六、桓王时有虢公林父

《左传》鲁桓五至十年有虢公林父，为桓王卿士，又称虢公、虢仲，应是虢硕父之孙，鲁桓十年"虢公出奔虞"，未知所终。

虢季一支

据师𩛥鼎铭，虢季一支，出自公上父(疑即班簋之虢城公，昭王时人)之子虢季易父。

一、虢宣公

《后汉书·西羌传》据《纪年》曰："夷王衰弱，荒服不朝，乃命虢公率六师伐太原之戎，至于俞泉，获马千匹。"《纪年》传自周史，史官称其为公，当是卿士。此时虢公能率师征伐，不会年老。厉王初期以武公、同仲为卿士，后期有虢仲、荣公为卿士，宣王初期虢宣公之子虢文公用事，虢文公应已年老。

二、虢文公

《国语·周语上》载宣王事四条，第一条"宣王即位，不籍千亩，虢文公谏曰"；第二条"鲁武公以括与戏见王"，在宣王十二年；第三条"三十二年宣王伐鲁立孝公"；第四条"宣王既丧南国之师"，在三十九年后。知第一条在宣王之初。虢文公为宣王大臣，必为虢国之君，知此时虢公长父已卒。

传世有虢季子白盘，作于宣王十二年，又有虢宣公子白鼎。虢季子白即虢宣公子白，为宣公之子，谥曰文公。

据虢盘铭，周王的赐物有弓、矢、钺，这些都是赐给诸侯及武官之物，知虢季子白乃宣王大臣而非卿士。

盘铭有"丕显子白""趄趄子白"，丕显趄趄都是颂扬祖先和时君之词，如禹鼎之"丕显趄趄皇祖穆公"，不当用来自诩，知此器非文公自作，乃其子代作[①]。此时文公非老即病，恐已不久于人世了。

三、虢季氏子段

上村岭墓 1631 出土虢季氏子段鬲："虢季氏子段作宝鬲，子子孙孙永宝用享。"

传世有虢文公子段鬲："虢文公子段作叔妃鬲，其万年子孙永宝用享。"以上二鬲形制全同，为一人所作，乃虢文公之嫡子，虢季氏之大宗。

又有虢文公子段鼎："虢文公子段作叔妃鼎，其万年无疆，子子孙孙永宝用享。"在西周的立耳蹄足盂鼎中，此鼎腹最浅，当作于西周之末。

四、虢季氏子组

簋铭："虢季氏子组作簋，其万年无疆，子子孙孙永宝用享。"传出凤翔。

鬲铭："虢季氏子组作鬲，子子孙孙永宝用。"出新乡。

壶铭："虢季氏子组作壶，子子孙孙永宝其用享。"传出凤翔。

卣：现藏故宫，铭 15 字，圆体壶形，素面，是卣之最晚者。

诸器形制纹饰文字的时代与子段同，应是子段之弟，子组是从虢季氏分出的小宗，其虢字上部的手爪作巨形，可与其大宗相区别。

五、虢公翰

《纪年》曰："幽王既死，而虢公翰又立王子余臣于攜，周二王并立。"《系年》曰："周乃亡，邦君诸正乃立幽王之弟余臣于虢，是攜惠王。"这个邦君就是虢公翰，诸正指卿级大臣，《系年》但说邦君诸正，可见其中无卿士。周室立新王应以卿士为首，知此时虢公鼓已死，虢公翰继为虢君。

① 尹盛平：《西周史征》，陕西师范大学出版社，第 170 页，2004 年。

虢公翰应是虢季氏子段之嫡子，虢季氏的大宗，故能继虢公鼓为虢国之君。

六、虢公忌父

推测是虢公翰之子，分析于下。

幽王十一年，申侯拥平王叛立，纪元年(公元前770年)。及幽王灭，虢公翰立惠王于攜，明年为惠王元年。惠王九年，晋文侯迎平王立于京师(唐叔始封地，在河西)，惠王十一年，晋、郑拥平王东迁。后十年，晋文侯杀惠王于虢。惠王在虢公保护之下，晋文侯焉得杀之？盖东迁之后，郑人挟辅天子，国势渐强，除申侯、晋侯外，可能还得到一些东方诸侯的支持，使虢国陷于孤立，于是双方妥协，两套机构合并，虢公抛弃攜王，但给以体面，承认其合法地位，谥曰惠王，虢公亦得入为平王大臣。否则，如果是晋文侯打败虢国杀死攜王，晋、郑一方始终与虢公为敌，那么，平王四十九年(鲁隐元年)郑庄公焉得率王师、虢师伐卫？平王五十一年又焉能有"王贰于虢"，欲并用虢公为卿士以削弱郑庄公的权力？至桓王五年，虢公忌父始为卿士于周，此人大概是虢公翰的嗣子。但未见墓葬，有待考证。

虢叔一支

师丞钟铭："师丞肇作朕烈祖虢季寬公、幽叔、朕皇考德叔大林钟。"同窖出土的即簋铭："用作朕文考幽叔宝簋。"知即就是德叔。即受册命由"定伯入右"，定伯见于共王三年卫盉及懿王五祀卫鼎，同窖出土的师訊鼎作于共王八年，师訊在穆王时已用事，而共王享国在三十年以上[①]，即簋当作于共王后期至懿王前期，师訊应是即的"文考幽叔"。师訊之父"虢季易父"应是师丞的剌祖"虢季寬公"。师丞钟盖作于孝王时。由此可知，虢叔一支是从虢季分出来的。

夷王三年的痶鼎、痶壶，都有"王呼虢叔召痶"。金文之召赐，传召者皆为新进，受召者皆为老臣或重臣，知此时虢叔初用事。

厉王三十一年的鬲比鼎有大臣虢旅，即虢叔旅。虢叔旅钟铭有"皇考叀叔"，此叀叔疑即师丞。虢叔旅钟出长安县河壖中，虢叔应是西虢的一支。

传世有虢叔鬲、盨、匿、匜，时代属夷、厉，也应是虢叔旅所作。

虢叔家族的窖藏出自扶风强家，知虢叔一支自西虢分出后徙于扶风，与西虢分离。

传世有虢叔大父鼎，见《贞松堂》上20，可能也是这一支虢叔，但难以断代。

《左传》庄十六年至僖五年有虢公醜，又称虢叔，是虢国之君，为晋所灭，出奔京师，此虢叔大概是西虢东迁后的分支，与虢叔旅无关。

---

① 详见虎簋盖的断代篇。

西虢分支与世系表

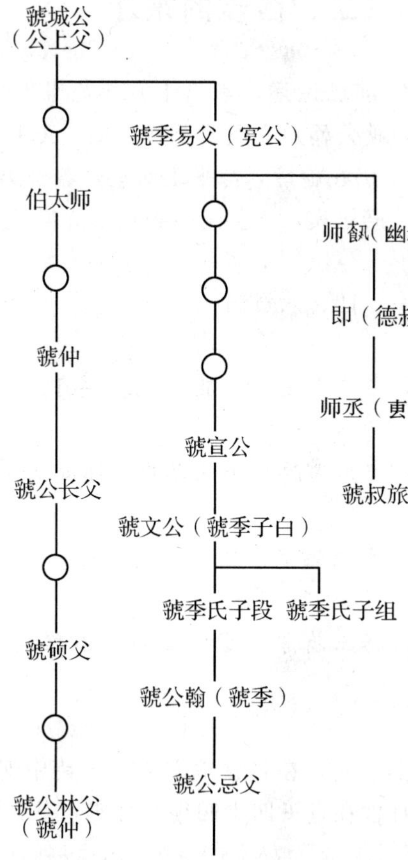

虢君入仕表

王世	虢君
懿孝	虢仲
夷王	虢宣公(季)
厉王	虢公长父(仲)
宣王	虢文公(季)
幽王	虢硕父(仲)
携王平王	虢公翰(季) 虢公忌父(季)
桓王	虢公林父(仲)
僖王惠王	虢公醜(叔)

由表看来，两周之际，西虢应是仲季二支交替执政，偶有例外。

二、西虢的东迁

西虢随平王东迁之说无据。前已论述，幽王十一年，申侯拥平王叛立，于是幽王伐申，猃狁救申，而杀幽王于戏，虢公翰乃立携王于虢，周二王并立，是西虢早已东迁。后11年，晋、郑拥平王东迁，携王仍在虢境，与平王对立，虢公焉得随平王东迁？

或以为西周贵族为避猃狁、避旱灾，于宣王时东迁，亦属猜测。

我看应是大地震带来的恐惧。

《诗·十月之交》的第一、三、四、六章曰：

> 十月之交，朔月辛卯，日有食之，亦孔之醜。彼月而微，此日而微，今此下民，亦孔之哀。
>
> 爗爗震电，不宁不令。百川沸腾，山冢萃崩。高岸为谷，深谷为陵。哀今之人，胡憯莫惩！
>
> 皇父卿士，番维司徒。家伯维宰，仲允膳夫。棸子内史，蹶维趋马。楀维师氏，艳妻煽方处。
>
> 皇父孔圣，作都于向。择三有事，亶侯多藏。不慭遗一老，俾守我王。择有车马，以居徂向。

这篇诗说明，皇父卿士作都于向，在日食地震之后，诗中遍斥八佞臣而不及虢硕父，知此时虢硕父尚未执政。此次月食在宣王四十四年八月望丁巳，日食在四十六年五月朔辛卯，地震在幽王二年。对于“日月告凶”，人们并未重视，以致连日食的月份都记错了。京畿的地震则是山崩地陷河壅水竭，当时人们还不知道是地壳运动，以为是上天震怒，将有大祸降临。经过一段时期的恐慌，开始避难东迁。皇父卿士作都于向，卜宅经营须要一些时日，迁居于向时约在幽王四年。

《国语·周语上》曰：

> 幽王二年，西周三川(泾、渭、洛)皆震。伯阳父曰：“周将亡矣！……昔伊洛竭而夏亡，河竭而商亡，今周德若二代之季矣……夫国必依山川，山崩川竭，亡之徵也。……若国亡，不过十年，数之纪也。……是岁也，三川竭，岐山崩。十一年，幽王乃灭，周乃东迁。

这段话，虽有后人加工的成分，但其历史背景，不容伪造。伯阳父由地震看到国亡，足见地震对人威慑之巨。

单叔家族的窖藏，有宣王四十三年逨鼎，可证此时单叔尚未东迁。

岐山董家村裘卫家族窖藏，出土裘卫、麟、公臣、膳夫旅此、荣有司再五代人的彝器，旅此是宣王中期人，荣有司再之器最早也在宣王之末，可证裘卫家族宣王末年尚未东迁。

史颂器与颂器，是同一人同一年所作①。史颂鼎 2、簋 4、匜、盘、匜各 1，颂鼎 3、簋 5、壶 2，共 19 件，乾隆以后陆续见于著录，应是清代出土，流散于北京、上海、济南、日本、美国等地，器物完整，铭文清晰，但无一件知道出处，应是一次出土分期出售而隐瞒地点者。史颂在幽王三年还奔走用事，其卒当在春秋时，而这么多的重器在东迁时难以携带，应出自窖藏而非墓葬。由此可知，西周贵族的东迁，决不在宣王之世，最早也在幽王四年。

《今本纪年》有："幽王七年虢人灭焦"一条，此书虽伪，但都有来由，不是凭空捏造，此条现在查不到出处，知原书已佚，当时尚在，应属可信。

据此，西虢的东迁，只在幽王四年到七年之间。

三、虢国墓葬的归属

上村岭虢君墓地的布局，仲氏居东，季氏居西。

虢公长父用事于厉王之世，他在西虢东迁时早已过世，不可能埋在这里。

M2009 是虢公鼓墓。出列鼎 9 件，乃天子规格，有僭越之嫌。周幽王废嫡立庶，已从根本上破坏了周礼，虢公鼓作为周幽王卿士，其墓超越礼法，也是很自然的。这里仅将遣册中的南仲予以辨析。

宣王初期的无叀鼎铭曰："司徒南仲右无叀入门立中廷，王呼史翏册命……"十七年的此鼎铭曰："司土毛叔右此入门立中廷，王呼史翏册命……"可知此时南仲已升任卿士。《诗·常武》曰："赫赫明明，王命卿士，南仲太祖，太师皇父。"知宣王的二卿士是南仲和皇父，而南仲名列皇父之上。至幽王前期，据《十月之交》，执政者为"皇父卿士"，知南仲已卒。虢硕父卒于幽王之灭，其墓遣册中的南仲，应是南仲之子。

M2001 是虢公翰墓，出列鼎 7 件，墓主虢季当是虢国之君。其钟铭"用义其家用与其邦"，也证明他是邦君。西虢东迁时，虢国之君是虢硕父，幽王一死，虢公翰就立惠王于携，知虢硕父已死，此时虢文公之子虢季氏子段也已去世，虢公翰才得继为虢国之君。此墓出土的虢季盨，永字或作[illegible]形，乃东周书体，应为东周之器。虢公翰也是周王卿士，而墓葬低于虢公鼓一等，试释于下。

携王为"邦君诸正"所立，是幽王的合法继承人，但由于虢公鼓导致西周覆没，诸侯疑惧，采取观望态度。直到晋、郑拥平王东迁于成周，得到诸侯承认，虢势转为孤立，乃抛弃携王，归顺平王。虢公翰卒时，已经没有僭越的条件，只能用诸侯之礼入葬。

两座太子墓，都葬列鼎 7 件，因为他们都是虢国鼎盛时期入葬，难免超越礼法。M2011 居东，为虢公鼓太子，卒于幽王时，M1052 居西偏，是虢公翰太子。两墓皆出无珥簋，而 M1052 之簋两耳上翘，却是春秋特征，可见他卒于携王时。

不能指望虢君墓葬都是 9 鼎 7 鼎，因为虢国的鼎盛时期只有 20 多年，其后随着携王

① 白光琦：《先秦年代探略》，第 54 页，北京，中国社会科学出版社，2008。

政权的消灭而衰落，只能用小国之君的葬礼了。

M2013是3鼎墓，所出虢仲作醜姜臣，乃虢仲为妻所作，知为醜姜之墓。相邻的M2010，是5鼎墓，且有兵器，附近又有车马坑，应是一代虢仲的夫妇异穴合葬墓。此人应是虢公鼓的嗣子，继虢公翰为虢君者。但墓葬规格已是礼降一等，因为这时朝政由郑庄公把持，虢国势力相对削弱。

此后，虢国不会再有7鼎之墓。被盗M2118，据说有列鼎7件，但附近无夫人墓和车马坑，不像一代虢君，可能是卒于携王时的高级贵族。

西虢东迁以后，除虢公鼓、虢公翰之外，还有虢公忌父、虢公林父、虢公醜为周王卿士，而虢公林父、虢公醜出奔，此处至少还应有虢公忌父之墓。疑即西部被盗之M2031，因为与其并排的M2006即兽(单)姞墓，规格为3鼎，出土食器、酒器、水器各一套，以及玉器，且有握手，应是虢君夫人之墓。

清华简《系年》与平王东迁

原文：……王与伯盘，逐平王，平王走灭西申。幽王起师，围平王于西申，申人弗畀。曾人乃降西戎，以攻幽王，幽王及伯盘乃灭，周乃亡。邦君诸正乃立幽王之弟余臣于虢，是携惠王。立廿又一年，晋文侯仇乃杀惠王于虢。周亡，王九年，邦君诸侯焉始不朝于周，晋文侯乃逆平王于少鄂，立之于京师。三年，乃东徙，止于成周，晋人焉始启于京师。郑武公亦正东方之诸侯。……

一、《系年》无平王叛立，乃周史所讳

《左传昭二十六年》正义引《纪年》曰："……先是，申侯、鲁(蒙文通曰曾)侯及许文公立平王于申，幽王既死，而虢公翰又立王子余臣于携，周二王并立。……"据此，是平王之立在幽王生前。天无二日，国无二主，幽王不能容忍，起兵围申，乃有骊山之难。平王叛立，以子反父，实不足以取法后世，故周史讳之，《系年》不得录也。

二、《系年》此章，得自周史

幽王灭，周室仍以平王为叛逆，"邦君诸正"乃立携王，邦君指畿内邦伯，这里特指虢公翰，诸正指执政大臣。由王室而论，携王是正统，故死后谥曰惠王。而诸侯无权给周王谥，此谥号只能由王室大臣所定。知《系年》此章得自周史，但已非原文，因有战国词汇。

三、"周亡王九年"

此句不应理解为周无王九年，因幽王死后，周室继立惠王，不可谓无王，应从"周亡"断句。

"周亡，王九年，邦君诸侯焉始不朝于周，晋文侯乃逆平王于少鄂，立之于京师。"周亡，指幽王之灭。王九年，指惠王九年。这里的"焉"字，楚人用为连词，义同"於是乎"，"焉始"，《系年》往往连用，意为"於是乎始"。"诸侯焉始不朝"应始于周亡，与"晋文侯乃逆平王"是两个年份。这句话的意思应该是：自幽王灭，诸侯焉始不朝，至惠王九年，晋文侯……

诸侯何以不朝？因二王并立，是非难明。平王虽是太子，而有叛逆之嫌，又是异姓诸侯拥立；惠王虽是正统，乃虢君拥立，而虢公鼓导致幽王亡国，天下恶之。故诸侯疑虑，无所适从，采取观望态度。直至晋文侯出，才有了变化。

具体年份，详见《两周之际年表》。

四、京　师

《诗·公刘》有"京师之野"，此京师指豳，以先公所居而尊称为京师。《诗·民劳》亦西周晚期诗，有"惠此京师，以绥四国。"此京师与四国对举，当指王都镐京，它是西周晚期周人对王都的尊称，文献仅此一见，而金文但称宗周。

厉王时的多友鼎铭曰："用严狁放兴，广伐京师，告追于王。"是京师来报闻，知京师非镐京，当是先公所居之豳。豳为西北重镇，驻军防守，名曰豳师，西周中期的趞簋有"作豳师冢司马"，善鼎有"监豳师戍"，可证。晚期始称京师。

宣王时的克钟铭曰："王在周康剌宫，王呼士曶召克，王亲命克，遹泾东至于京师。"金文的周指岐邑，此时克已年老，不宜远走，故京师距岐不会遥远。而豳在泾水中游，此京师也应指豳地。

《春秋》经传，京师专指成周，是对时王所都的尊称。

晋公盦、晋公盘铭之"王命昜(唐)公，建宅京师。"则是指叔虞始封之唐，此京师是晋人对其先祖居邑的尊称。

晋姜鼎之"鲁覃京师，乂我万民。"乃文侯夫人自述，铭文以京师代表社稷，其地也应是先祖所居之唐。

由上可知，"京师"是对先公及时王所居地的尊称，皆非本名。那么，晋人所称的京师在何处？

觋公簋曰"王命昜(唐)伯侯于晋"，知唐与晋非一地。按周时封国之君，四方称侯，畿内称伯，叔虞初封于唐称伯，唐地当在畿内。

叔虞徙封后，唐地仍归周王。懿王时的同簋铭曰："王命同左右吴大父，司昜(唐)林、吴、牧，自虒东至于河，氒逆至于玄水。"是王命同管理唐地的林、虞、牧。此铭文与免簠的"命免作司土，司郑还、林罘吴罘牧。"是王命免管理郑地的苑、林、虞、牧同例。铭称"自虒东至于河"，知唐在河西。

《系年》曰："晋文侯乃逆平王于少鄂，立之于京师。三年，乃东徙，止于成周，晋人焉始启于京师。"启，此处指开辟疆土，有如《国语》之"楚蚠冒于是乎始启濮"。知此京师本非晋地，晋文侯迎立平王后始为晋有。

《读史方舆记要》载河西朝邑县(今大荔县朝邑镇)东有一座故城，即左僖十五年秦晋会盟的王城，亦即僖二十四年晋侯潜会秦伯的王城，此地与晋为邻，名曰王城，应即平王居地。其地本名唐，晋人以唐叔所居，尊称为京师，平王东迁后，始名王城。

五、平王东迁与秦无关

《史记·秦本纪》："秦襄公将兵救周，战甚力，有功。周避犬戎难，东徙洛邑，襄公以兵送周平王，平王封襄公为诸侯。"我们知道，幽王灭时，秦人尚在西垂，后8年(秦文公四年)始至汧渭之会(今宝鸡)，文公十六年始进至岐，宪公三年进至荡社(西安附近)，武公元年(公元前697年)伐彭戏氏，始至华山下，已在幽王灭后70余年，襄公时焉能将兵救周？今据《系年》，平王东迁在携王十一年即秦文公六年，襄公又焉能以兵护送？此皆秦人妄说，不足信。历代开国之君，不免被后人神化，妄造英雄事迹，不足为怪。然秦公钟铭有："我先祖受天命，赏宅受国(国)。烈烈邵文公、静公、宪公……"是襄公始受封，毋庸置疑。盖二王并立之时，秦襄公遣使间道入贡，平王封之为诸侯，容有其事。

(原载简帛网2013.7.5.)

西周积年表(修订)

自公元前 1044 年武王克商，至公元前 770 年幽王灭，凡 275 年。

王世	武王	成王	康王	昭王	穆王	共王	懿王	孝王	夷王	厉王	宣王	幽王
享国年数	14（11 年克商）	18	27	19	39	31	14	15	10	41	46	11
元年	1054	1040	1022	995	976	937	906	892	877	867	826	780

说明：幽王十一年即平王元年。

两周之际年表(修订)

公元前	周	鲁	晋	曲沃	齐	秦	郑	备考
875	夷王 3	献公 11	靖侯 14		哀公死	秦嬴		周烹齐哀公
874	4	12	15		胡公 1	秦嬴		
871	7	15	18 卒		4	秦嬴		
870	8	16	釐侯 1		5	秦嬴		
868	10 卒	18	3		7	秦嬴		
867	厉王 1	19	4		8	秦嬴		
860	8	26	11		15 卒	秦嬴		
859	9	27	12		献公 1	秦嬴卒		
858	10	28	13		2	秦侯 1		
855	13	31	16		5	4		征南夷不克
854	14	32 卒	17		6	5		
853	15	真公 1	18 卒		7	6		
852	16	2	献侯 1		8	7		
851	17	3	2		9 卒	8		
850	18	4	3		武公 1	9		
849	19	5	4		2	10 卒		
848	20	6	5		3	公伯 1		
846	22	8	7		5	3 卒		
845	23	9	8		6	秦仲 1		
840	28	14	13		11	6		厉王出奔，共伯和摄行天子事
834	34	20	19		17	12		命晋侯苏伐夙夷
827	41 卒	27	26		24	19		
826	宣王 1	28	27		25	20		
825	2	29	28		26 卒	21		
824	3	30 卒	29		厉公 1	22		鲁武公金版：王三年、鲁廿年

续表

公元前	周	鲁	晋	曲沃	齐	秦	郑	备考
823	4	武公 1	30		2	23 卒		使秦仲伐戎，为戎所杀
822	5	2	31		3	庄公 1		王初伐猃狁
816	宣王 11	武公 8	献侯 37		厉公 9 卒	庄公 7		
815	12	9 卒	38		文公 1	8		鲁武公来朝
814	13	懿公 1	39		2	9		
812	15	3	41 卒①		4	11		
811	16	4	穆侯 1		5	12		
808	19	7	4 娶齐姜		8	15		
806	21	9 弑	6		10	17		
805	22	伯御 1	7 生子仇		11	18		
804	宣王 23	伯御 2	穆侯 8		12 卒	庄公 19		
803	24	3	9		成公 1	20		
802	25	4	10 生成师		2	21		
800	27	6	12		4	23	桓公 1	封厉王少子多父于郑
795	32	11，孝公1	17		9 卒	28	6	宣王伐鲁，诛伯御，立孝公
794	33	2	18		庄公 1	29	7	
788	39	8	24		7	35	13	王伐条戎、奔戎，王师败绩
786	41	10	26		9	37	15	晋人败北戎于汾隰
785	42	11	27 卒		10	38	16	封王子长父于杨。伐申戎破之②
784	43	12	殇叔 1		11	39	17	
781	46 卒	15	4 卒		14	42	20	辛卯日食
780	幽王 1	16	文侯 1		15	43	21	
779	2	17	2		16	44 卒	22	地震
778	3	18	3		17	襄公 1	23	
775	6	21	6		20	4	26	王命伯士伐六济之戎，败死③

① 据晋侯苏钟，献侯在厉王三十三年已在位，而《史记》献侯立于宣王六年，立十一年卒，必有脱误。或为四十一年之误。今作四十一年，庶几近是。

② 见四十二年逑鼎。

③ 伯士伐戎败死，《纪年》在伐申戎后十年，《后汉书·西羌传》及《通鉴外纪》在幽王六年。年份一致。

续表

公元前	周	鲁	晋	曲沃	齐	秦	郑	备考
774	幽王 7	孝公 22	文侯 7		庄公 21	襄公 5	桓公 27	虢人灭焦
773	8	23	8		22	6	28	平王奔西申，伯盘立为太子
770	幽王 11 平王 1	26	11		25	9	31	平王叛立，幽王伐西申，犭严狁救之，杀王于戏。虢公翰立携惠王
769	平王2，惠王1	27 卒	12		26	10	32	郑桓公灭郐
768	3，2	惠公 1	13		27	11	33	
767	4，3	2	14		28	12	34	郑桓公灭虢
766	5，4	3	15		29	13 卒①	35	
765	6，5	4	16		30	文公 1	36 卒②	
764	7，6	5	17		31	2	武公 1	
762	9，8	7	19		33	4	3	秦人东进至汧渭之会
761	10，9	8	20		34	5	4	晋文侯迎平王于少鄂，立于京师③
759	12，11	10	22		36	7	6	晋郑拥平王东徙于成周
755	16，15	14	26		40	11	10 娶于申	
751	20，19	18	30		44	15	14 生庄公	
750	21，20	19	31		45	16	15	秦文公伐戎，地至岐
749	22，21 死	20	32		46	17	16	晋文侯杀惠王于虢
748	23	21	33		47	18	17 生段	
746	25	23	35 卒		49	20	19	
745	26	24	昭侯 1	桓叔 1	50	21	20	晋封桓叔于曲沃
739	32	30	7 弑	7	56	27	26	

① 据《纪年》，秦仲死于宣王四年，自秦仲之死，至于穆公，《秦本纪》的总年数少了一年。《秦始皇本纪》曰："襄公立，享国十二年，初为西畤，葬西垂。"《索隐》曰："……初为西畤，祠白帝，立十三年，葬西土。"襄公当以十三年卒为是。

② 《史记·十二诸侯年表》因《郑语》之"十一年而毙"，误以为桓公之卒，而将桓公、武公二世提前数年。今据郑太子忽及公子突诸事估计其年龄，桓公之卒当在平王六或七年。

③ 叔虞封唐，晋人称为京师，《左传》及《国语》称为王城，即僖二十四年晋侯脱会秦伯之地。

续表

公元前	周	鲁	晋	曲沃	齐	秦	郑	备考
738	平王 33	惠公 31	孝侯 1	桓叔 8	庄公 57	文公 28	武公 27 卒	
737	34	32	2	9	58	29	庄公 1	郑庄公封叔段于京，祭仲谏
734	37	35	5	12 卒	61	32	4	
733	38	36	6	庄伯 1	62	33	5	
731	40	38	8	3	64 卒	35	7	
730	41	39	9	4	釐公 1	36	8	
724	47	45	15 弑	10	7	42	14	庄伯以曲沃叛，伐翼，弑孝侯
723	48	46 卒	鄂侯 1	11①	8	43	15	
722	49	隐公 1	2	12	9	44	16	郑人以王师虢师伐卫
720	51 卒	3	4	14	11	46	18	宋公子冯出奔郑，郑太子忽质周
719	桓王 1	4	5	15	12	47	19	
718	2	5	6 卒	16	13	48	20	王命虢公伐曲沃
717	3	6	哀侯 1	17	14	49	21	
716	4	7	2	18 卒	15	50 卒	22	
715	5	8	3	武公 1	16	宪公 1	23	郑太子忽娶陈妫，虢公忌父始为卿士
714	6	9	4	2	17	2	24	秦徙居平阳，郑大败戎师
712	8	11 弑	6	4	19	4	26	
711	9	桓公 1	7	5	20	5	27	
709	11	3	9 虏	7	22	7	29	芮伯万出奔魏
708	12	4	小子侯 1	8	23	8	30	周师虢师围魏，取芮伯万而东之
707	13	5	2	9	24	9	31	王以诸侯伐郑，大败。戎人逆芮伯万于郊
706	14	6	3	10	25	10	32	郑太子忽救齐，齐将妻之
705	15	7	4 弑	11	26	11	33	

① 杜预《后序》："曲沃庄伯十一年十一月，鲁隐公之元年正月也。"知庄伯十二年当鲁隐公元年。

续表

公元前	周	鲁	晋	曲沃	齐	秦	郑	备考
704	桓王 16	桓公 8	侯缗 1	武公 12	襄公 27	宪公12 卒	庄公 34	秦伐荡氏取之(东进至西安附近)
703	17	9	2	13	28	出公 1	35	虢仲芮伯梁伯贾伯荀侯伐曲沃
701	19	11	4	15	30	3	37 卒	郑伯寤生卒
700	20	12	5	16	31	4	厉公 1	
698	22	14	7	18	33 卒	6 死	3	
697	23 卒	15	8	19	襄公 1	武公 1	4 出奔	秦伐彭戏氏，东进至华山下
696	庄王 1	16	9	20	2	2	昭公 1	
682	15 卒	庄公 12	23	34	桓公 4	16	子仪 12	祭仲卒
678	僖王 4	16	27 灭	38	8	20 卒	厉公后 2	曲沃灭晋

读《纪年》杂识

一、《纪年》有两种编写本

朱希祖《汲冢书考》曰："考《纪年》一书，有初写之本，有重定之本。初写之本成于和峤，起自黄帝，重定之本成于束皙，起自夏代。其他不同之处尚多……"今举 4 例以明之。

一、《水经·河水注》引《竹书纪年》："晋烈公十年，齐田肦及邯郸韩举战于平邑，邯郸之师败逋，獲韩举，取平邑、新城。"

而《史记·韩世家》索隐说："《纪年》，郑昭侯武薨，次威侯立，……下败韩举在威侯八年。"又说："《纪年》云：韩举赵将，……其败当韩威王八年。"此郑威侯即韩宣王。

又《赵世家》："肃侯二十三年，韩举与齐魏战，死于桑邱。"

又《六国年表》：秦惠文君十三年，于赵、韩两国栏内，分别记有"魏败我赵護"、"魏败我韩举"。因《六国表》以秦年为纲，盖《秦记》原作"魏败赵，獲韩举"，因獲、護二字形近，太史公误作"魏败赵護、韩举"，而分置于两国栏内也。

王国维已经指出，田肦见于马陵之战，不得在晋烈公十年，且彼时三家尚未分晋，赵不得有邯郸之称。今考得韩宣王八年、赵肃侯二十三年、秦惠文君十三年皆当梁惠成王后元十年。《索隐》的年代与《史记》一致，当可信。

由此可知，郦道元《水经注》所据者为和峤初编本，而司马贞《史记索隐》所据者为束皙重定本。

二、魏徙都于大梁，《水经·渠水注》引《竹书纪年》，及《汉书·高帝记》注臣瓒引《汲冢古文》，都在惠成王六年，而《史记·魏世家》裴骃集解及司马贞索隐都在九年，何者为是？

臣瓒与和峤同校汲冢竹书，所指当是初编本。裴骃为裴松之之子，距《纪年》校理成书仅百余年，其时两种编写本俱在，自当择善而从，取重定本了。郦道原北魏人，因多年战乱，南北阻隔，未见到重定本，是不难理解的。

可见，臣瓒所据者为初编本，裴骃《史记集解》所据者为重定本，当以重定本为是。

三、《太平御览》卷 85："《纪年》曰：[夷王]三年，王致诸侯，烹齐哀公于鼎。"而《史记·五帝本纪》正义曰"《纪年》云：[夷王]三年，致诸侯，翦齐哀公昴。"一句话就错了两个字，当采自初编本，和峤等于时不能尽识之故。

据《史记·五帝本纪》正义，"《汲冢纪年》云：后稷放帝子丹朱"，《高祖本纪》正义，"《汲冢纪年》云：后稷放帝子丹朱于丹水"，知张守节《史记正义》引《纪年》有五帝时事，亦可证所据者为初编本。

汲冢竹书出土于咸宁五年，旋即大举伐吴，次年，天下一统，改元太康，庶事更张，不逭古文，二年始命官校理。杜预《春秋经传集解后序》作于太康三年，其所见竹书，当在校理之初，谓《纪年》篇，“起自夏殷周”。及和峤校理成书，纳入五帝部分，乃起自黄帝。后十余年，经束晳等考正，将五帝部分剔出，归入《琐语》，复起自夏代。《隋书·经籍志》有《古文琐语》四卷(束晳重定本为十一篇，此时并为四卷)，注“汲冢书”。刘知几《史通·疑古篇》曰：“《汲冢琐语》云：舜放尧于平阳。”即此书。

四、郑桓公，《水经·洧水注》引《竹书纪年》作“同惠王子”，而刘知几《史通·杂说上》引作周宣王子。已知《水经注》据和娇本，则《史通》所据者为束晳本了。

二、《后汉书·西羌传》引《纪年》有脱误

《后汉书·西羌传》曰：

> 及宣王立四年，使秦仲伐戎，为戎所杀。王乃召秦仲子莊公，与兵七千人伐戎破之，由是少却。后二十七年，王遣兵伐太原戎，不克。后五年，王伐条戎、奔戎，王师败绩。后二年，晋人败北戎于汾濕，戎人灭姜侯之邑。明年，王伐申戎，破之。后十年，幽王命伯士伐六济之戎，军败，伯士死焉。(李贤注：并见《竹书纪年》)其年，戎围犬丘，虏秦襄公之兄伯父。(伯父乃世父之误)

此文“伯士死焉”以上，采自《纪年》，“其年”以下。采自《史记·秦本纪》襄公二年，于《十二诸侯年表》当幽王六年。据此，伯士之死《纪年》必在幽王六年。宣王立四十六年卒，自宣王四年至幽王六年，应为48年，而《西羌传》只有45年，少3年，必有脱误。

幽王六年前十年为宣王四十二年，“王伐申戎破之”，即四十二年逨鼎所记伐戎之役，李伯谦先生说，“米脂、安塞有申山”，盖严狁所居，故称申戎。是年，宣王“肇建长父侯于杨”，命逨“奠长父休”，逨宕伐严狁于弓谷，“执讯获馘，俘器车马”，受到王的赏赐。

王伐申戎前三年，“王伐条戎、奔戎，王师败绩。”为宣王三十九年，与《国语》之“三十九年，战于千亩，王师败绩于姜氏之戎”应为一事。《左传》“大奔曰败绩”，《纪年》载宣王戎事五条，不当独失此役。条戎盖居于中条山，《纪年》以地名之，称为条戎，《国语》以姓氏名之，称为姜氏之戎。

“王乃召秦仲子莊公，”二十一字，疑采自《史记》。至于所脱三年为何役，有待探讨。

三、《通鉴外纪》与《纪年》残本

刘恕是正统史家，基本不信《纪年》，故《通鉴外纪》的王世、年份悉依正史，采《纪年》事只用作记异。

《外纪》于春秋末以前的1500余年间，共采《纪年》事19条，采《纪年》而不着出处者20条，计39条，皆见于它书所引。而若干重要事件，如郑桓公灭郐、灭虢，未见记载。足证刘恕未见及《纪年》。

但自春秋末年以后，《外纪》记晋事大增。从定公二十八年到三家分晋，除出公十八年至敬公之卒这 25 年因世次及立年不合《史记》而不取者外，56 年中，《外纪》共采《纪年》及可能是《纪年》之事 27 条，其中见于它书所引者 17 条，有 3 条还可以订正它书之误：

敬王三十六年(于《外纪》为晋定公二十八年)，“是岁洛绝于周，淇绝于旧卫”，可能是天旱之故。而《水经·洛水注》曰：“《竹书纪年》：晋定公二十年，洛绝于周。”《淇水注》曰：“《竹书纪年》曰：晋定公二十八年，淇绝于旧卫。”可知《外纪》不是采自《水经注》，应见及《纪年》，而《洛水注》夺“八”字也。

考王十年(于《外纪》为晋幽公九年)“晋丹、沁水出，相反击。”丹水为沁水支流，故两水出相反击。而《水经·沁水注》“《竹书纪年》曰：幽公九年，丹水出，相反击。”难于理解，盖夺“沁”字也。

考王十三年(幽公十二年)“冬，晋桃杏实。”而《太平御览》卷 968 曰：“《书纪年》曰：幽王十年九月桃杏实。”若是幽王，周历九月当夏历七月，桃杏实是正常现象，何须记载？只有夏历九月桃杏实时才须记异，可知《御览》之幽王为幽公之误。《外纪》用周纪元，夏历九月当周历十一月，故改称冬。

另外，可能是《纪年》之事而不见于它书所引者，有以下 10 条：

元王二年，“夏，晋定公薨。”(考晋定公三十六年卒，当周敬王四十四年，《外纪》依《史记·六国年表》作元王二年。但“夏”字它处所无，疑采自《纪年》。)

元王四年(出公二年)“是岁，陨石于晋。”

贞定王三年(出公九年)“晋空桐震七日，台舍皆坏，人多死。”

七年(出公十三年)“晋有虹贯日。”

十年(出公十六年)“晋有虹青色，五聚于日。”

考王六年(幽公五年)“晋大风坏垣。”

十三年(幽公十二年)“晋无云而雷。”

威烈王三年(幽公十七年)“晋有火下于北方，其声如鼓。”

四年(幽公十八年)“晋大雨雪。”

十二年(烈公九年)“晋河壅龙门，至于底柱。”

以上 10 条，都是晋国之事，当采自某种编年体史书，疑即《纪年》。《宋史·艺文志》有《竹书纪年》三卷，注：“荀勗、和峤编。”刘恕应该看到。

四、《路史》与《纪年》残本

罗泌《路史》及注，成书于南宋中期，载《纪年》事 82 条。其中五帝 8 条、夏 34 条、商 8 条、西周 5 条、春秋 7 条、战国 17 条，无时代者 1 条。在 82 条中，出于它书所引以外者 5 条，其中夏代 4 条、西周 1 条。

辑本《纪年》已有战国事二百余条，而《路史》只 17 条。其中，三家分晋以前只有 4 条。

可见南宋时残本三卷已佚。

由于《路史》及注所引《纪年》，夏代之事最为丰富，且有不见于前人所引者 4 条：

“帝启曰会”

“启登后九年，舞九韶”(它书所引无年数)

“启二十五年，征西河”(它书所引无年数)

“胤甲在位四十岁，后居西河，天有妖孽，十日并照于东阳，其年胤甲陟。”(此条《乙巳占》卷 1，《开元占经》卷 6，《太平御览》卷 4、卷 82，《通鉴外纪》卷 2 所引，皆无年数，亦无“东阳”之文。)

与它书引文迥异者 3 条：

“启二十九年，年九十八。”(《真诰》引《竹书》曰“(启)即位三十九，亡年七十八。”)

“帝相元年征淮夷、畎夷”(《御览》引《纪年》作“帝相元年征淮夷。”《后汉书西羌传》作“后相即位乃征畎夷”)

“帝敬发一名惠，是为后发。”(《御览》引《纪年》作“后发一名后敬，或曰发惠。”)

上述超出它书所引的《纪年》条文，皆出自《路史·后记》13 及注，且集中于夏代。此注完成于其子罗苹，所据者，应是南宋中期私家所藏的《纪年》残本，刘恕未尝见及。

五、《通鉴前编》与《纪年》残本

南宋末，金履祥以刘恕《通鉴外纪》不本于经而信百家之说不足传信，乃作《资治通鉴前编》其中有前人所未见的《纪年》之事：

“纣辛六祀，西伯初禴于毕”。自注：“《竹书纪年》曰：纣六祀，周文王初禴于毕。”

此条最早见于《大衍历·五星议》中，但不着出处。金氏本不信《纪年》，只因文王是圣人才予取入。又不信文王称王，故改称西伯。

另一条是：“武王年五十四。”他一反汉代以来武王年九十三之说而取五十四，(由帝乙“壬辰二十三祀西伯生子发”到武王“[乙酉]十有九年十有二月王崩。”为五十四岁。)当见及《纪年》残本。此条虽已见于《路史》，但《路史》作者搜罗广泛而殷周间的《纪年》资料仅此一条，应未见及《纪年》残本。

唐开元间，司马贞作《史记索隐》，张守节作《史记正义》，瞿昙悉达作《开元占经》，都曾引用《纪年》，其时两种编写本俱在。到宋代，只剩初编本三卷，南宋时又佚，另出残缺之卷，宋末尚在。元代以后，再无踪影。

六、周桓王十二年、十七年辨误

《路史》引《纪年》有两条春秋时用周纪元：

一、它说："《纪年》：晋武公八年，周师、虢师围魏，取芮伯万而东之。"

"《纪年》又云：桓王十二年秋，秦侵芮。冬，王师、秦师围魏，取芮伯而东之。"

据《左传》：鲁桓公"四年，秋，秦师侵芮，败焉，小之也。冬，王师、秦师围魏，执芮伯以归。"

《通鉴外纪》：桓王"十二年，秋，秦侵芮，败焉。冬，王师、秦师围魏，取芮伯而东之。"

显然，《外纪》采自《左传》，只是省掉"小之也"三字。又取《纪年》"而东之"三字，遂自相矛盾，因秦在芮西。

《路史》又采自《外纪》，只是省掉"败焉"二字。因其将《外纪》误作《纪年》，故曰"《纪年》又云。"

或谓《路史》采自《今本纪年》，不对。查《今本纪年》：桓王"十二年，王师、秦师围魏，取芮伯万而东之。"那么，《路史》的"秋秦侵芮冬"五个字是从那里来的？难道罗氏引《纪年》还可以妄增？

二、它说："《纪年》：桓王十七年，楚及巴伐邓。"

《通鉴外纪》：桓王十七年，"夏，楚及巴伐邓，败之。"

《左传》鲁桓公九年："巴子使韩服告于楚……夏，楚使斗廉帅师及巴师围邓，……邓师大败。"共115字，此处从略。

显然，《外纪》采自《左传》，《路史》又采自《外纪》而误作《纪年》也。

七、芮伯万与秦人东进

年份	秦本纪	左传	纪年
762	文公四年，至汧渭之会（宝鸡）		
750	文公十六年，伐戎地至岐		
714	宪公二年，徙居平阳（宝鸡）		
713	宪公三年，灭荡社（西安附近）		
709	宪公七年	桓三年，芮伯万出居于魏	晋武公七年，芮伯万之母芮姜逐万，万出奔魏
708	宪公八年	桓四年秋，秦师侵芮，败焉，小之也。冬，王师、秦师围魏，执芮伯以归	八年，周师、虢师围魏，取芮伯万而东之
707	宪公九年		九年，戎人逆芮伯万于郏
704	宪公十二年，伐荡氏取之（西安南）		
703	出公元年	桓九年，秋，虢仲、芮伯、梁伯、荀侯、贾伯伐曲沃	
702	出公二年	桓十年，秦人纳芮伯万于芮	

续表

年份	秦本纪	左传	纪年
697	武公元年，伐彭戏氏，至于华山下		
677	德公元年，梁伯、芮伯来朝。卜居雍		
645	穆公十五年，虏晋惠公。秦地东至河	僖公十五年，同	惠公六年，秦穆公涉河伐晋，惠公见获

秦宪公三年灭荡社，东进至西安。后十六年，武公伐彭戏氏，至华山下。又五十年，秦穆公时，秦地始东至河。宪公时，秦人尚在西安以西，焉能出境三四百里涉河围魏，必误。后六年，秦人纳芮伯万于芮，同样不可能。

秦人往往伪造其先祖的功绩，如骊山之难，襄公攻戎救周，又送平王东迁。此次宪公与王师围魏，反而不见记载，可见本无其事。

此时，虢公为周王卿士，国势较强，又与魏为邻，虢师围魏自无问题。《纪年》为晋史，魏、芮、虢、条戎皆与晋为邻，所记之事当可信。此戎人应为居于中条山的姜氏之戎，与周人合作，纳芮伯万返国。

《左传》由于资料来源庞杂，难免沿袭其误，此其一例。

八、《太平御览》“史记曰”中的《纪年》条文

《太平御览》称“史记曰”者 1100 余条。其中至少有 77 条不见于《史记》，其出处可考者 20 条，举例于下：

卷 8：“史记曰：黄帝与蚩尤战于涿鹿之野，常有五色云气、金枝玉叶止于帝上，有花葩之象，因作华盖。”(见《史记·天官书》正义引崔豹《古今注》)

卷 30：“史记曰：共工氏之子为后土，能平水土，故祀以为社。”(见《礼记·祭法》)

卷 83：“史记曰：帝阳甲之时，殷衰……诸侯莫朝，帝阳甲在位十七年崩。”(《通鉴外纪》卷二下：“阳甲……崩。”原注：“在位七年，《帝王本纪》云：十七年。”)

卷 135：“史记曰：纣伐有苏，有苏人以妲己女焉，纣爱妲己，妲己之言是从，武王杀之，斩以玄戈。”(见《世本八种》茆泮林辑本)

卷 177：“史记曰：楚灵王为章华之台，伍举谏曰：昔庄王为匏居之台……”(见《国语·楚语上》)

卷 177：“史记曰：燕昭王置千金于台上，以延天下士，谓之黄金台。”(见《水经注》卷十一疏引《春秋后语》。)

卷 204：“史记曰：黄帝得六相而天地治、神明至。”(见《管子·五行》)

卷 330：“史记曰：周末，荆人伐陈，吴救之，军行三十里，雨十日，夜见星，左史倚

相谓荆大将子期曰……”(见《说苑》卷十五)

卷420：“史记又曰：乐毅去燕之赵，赵王欲图燕，毅泣曰：臣事昭王犹事大王……”(《后汉书·邓禹传》注曰：事见《古史考》)

卷876：“史记又曰：秦二世时，无云而雷，二世不恤，天下有叛乱之心。是岁，陈胜起兵，天下乱。”(《汉书·五行志》中之下曰：“史记秦二世元年，天无云而雷。刘向以为，雷当托于云，犹君托于臣，阴阳之合也，二世不恤天下，万民有怨畔之心，是岁，陈胜起，天下畔，赵高作乱，秦遂以亡。”)

卷879：“史记又曰：鲁庄公三十年冬，不雨，是岁，一年而三筑台：春筑台于郎，夏筑台于薛，秋筑台于秦。”(见《春秋》庄三十一年)

由上可知，这些称为“史记曰”而不见于《史记》的条文，并非《史记》佚文，而是前代史籍。那么，它们为何被称为“史记”呢？

《史记》本名《太史公》，曹魏时始有《史记》之简称。最早见于《魏书·王朗传》：“明帝又曰：司马迁以受刑之故，内怀隐切，著《史记》非贬孝武，令人切齿。”南北朝时，“史记”仍泛指史书。晋荀勗著《新簿》，分为四部，其丙部就有史记一类。刘宋时王俭撰《七志》，其经籍志中也有史记一类。隋唐以后，《史记》才成为《太史公书》的专名。

在不见于《史记》的77条中，以下7条，疑出《纪年》：

卷878：“史记曰：周孝王七年，厉王生。冬大雹，牛马死，江汉俱动。及孝王崩，厉王立，王室大乱。”(《通鉴外纪》“孝王七年，大雹，牛马死，江汉俱冻。”不着出处。)

卷879：“史记又曰：晋庄伯元年，不雨雪。二年，翟人伐翼，至于晋郊。”(《通鉴外纪》“平王四十一年晋大雨雪”，不着出处。杜预《春秋后序》曰：“其《纪年》篇……次文侯、昭侯以至曲沃庄伯……”它书未有以曲沃纪元者。)

卷876：“史记曰：晋庄伯八年，无云而雷。十年，庄伯以曲沃叛。”(《通鉴外纪》“平王四十八年，晋无云而雷。”不着出处。《水经·浍水注》：“《竹书纪年》曰：庄伯以曲沃叛……”)

卷877：“史记曰：晋惠公二年，雨金。至六年，秦穆公涉河伐晋。”(《通鉴外纪》“襄王三年雨金于晋”不着出处。)

卷876：“又曰：幽公十二年，无云而雷。至十八年，晋夫人秦嬴弑君于高寝。”(前一条亦见《通鉴外纪》考王十二年，不着出处。后一条见《史记·晋世家》索隐引《纪年》。)

卷877：“史记曰：梁惠成王八年，雨黍于齐。”(《御览》卷842引《纪年书》曰：“惠成王八年雨黍。”)

卷897：“史记曰：晋烈公二十二年，国大风，昼昏，自旦至中。明年，太子喜出奔也。”(以上两条，皆在三晋为侯之后，《外纪》不得录也)

以上7条，有两个共同点：一是皆出《御览·咎徵部》，每条记两年事，总是征兆于前，祸害在后。《御览》编于北宋，不得泛称古书为史记，当抄自前代类书。二是先后以周、曲沃、晋、魏纪元，只有《纪年》如此。其中有三处已被它书所引，证明是《纪年》之文。疑此 7 条是从北齐《修文殿御览》的咎征部中照搬来的。

北宋时，《纪年》只剩残本三卷，记战国时事。司马光《通鉴考异》曾说："彼既魏史，所书魏事必得其真，今从之。"(见《资治通鉴》周慎靓王二年胡注)他虽不信《纪年》，仍采 3 条(王错奔韩、惠成王改元，齐醢子之)入于《通鉴》。刘恕《通鉴外纪》采《纪年》战国事较多，说明他在一定程度上相信《纪年》。《宋史·艺文志》有《修文殿御览》360 卷，刘恕必见，《外纪》所载上述 5 条而不着出处者，也应采自《修文殿御鉴》。

《太平御览》所引《纪年》，皆转引它书，难免因之而误，例证如下：一、卷 68："《竹书纪年》曰：兰田川有汉临江王荣冢，景帝以罪征之，……王年少恐而自杀，葬于是川，有燕数万衔土置冢上，百姓怜之。"原出《汉书》。二、"穆王大起九师，至于九江……"《御览》三处所引各不相同：卷 73："《纪年》曰：周穆王七年，大起师，东至于九江，架鼋鼍以为梁。"卷 305："《纪年》曰：周穆王四十七年，伐纡，大起九师，东至于九江，比鼋以为梁。"卷 932："《书纪年》曰：穆王三十七年，起师，至九江，以鼋为梁也。"此必转引自多书而未见及原书也。

九、周隐王二年辨

《太平御览》卷 880："《竹书纪年》曰：周隐王二年，齐地暴长，长丈余，高一尺。"

《今本纪年》首创赧王说，注云："《史记》作赧王，名延，盖赧隐声相近。"学者多从之。

这里有两个问题：一、《纪年》于幽王灭后，以晋、魏纪元，不容有一则以周纪元。二、《纪年》终于襄王二十年，时王赧未卒，不得有谥号。

此条还见于干宝《搜神记》，其卷六有以下连续五条记事：

1. 周宣王三十三年，幽王生，是岁有马化为狐。

2. 晋献公二年，周惠王居于郑，郑人入王府，多[脱]化为蜮，射人。

3. 周隐王二年四月，齐地暴长，长丈余，高一尺五寸。

4. 周哀王八年，郑有一妇人生四十子，其二十人为人，二十人死。其九年，晋有豕生人。

5. 周烈王六年，林碧阳君之御人产二龙。

这五条记事，都可以找到出处：

1.《开元占经》卷 118："《纪年》曰：周灵王三十三年，有马化为狐。"

《太平御览》卷 887："《纪年》曰：周宣王时马化为狐。"卷 909："《书纪年》曰：宣王时马化为狐。"

《通鉴外纪》："周宣王三十三年，有马化为狐。"不着明出处。

2.《开元占经》卷 120："《纪年》：晋献公二年春，周惠王居于郑，郑人入王府，多取玉，玉化为蜮，射人。"

《太平御览》卷 950："《书纪年》曰：晋献公二年春，周惠王居于郑，郑人入王府，多取玉焉，玉化为蜮，射人。"

3.《太平御览》卷 880："《纪年》曰：周隐王二年，齐地暴长，长丈余，高一尺。"

4.《开元占经》卷 113：“《纪年》曰：晋定公二十五年，西山女子化为丈夫，与之妻能生子。其年，郑一女生四十人，二十人死。”

《通鉴外纪》：“敬王四十三年(晋定公三十五年)，初，晋有孕妇七岁不生，西山女子化为丈夫。”(《外纪》据初编本，《占经》据重定本，故不同)

5.《开元占经》卷 113：“《纪年》曰：今王四年，碧阳君之诸御产二龙。”《搜神记》编者恐人不知今王是谁，乃依《史记·六国年表》改称周慎靓王六年，而误作周烈王六年也。

据此，《搜神记》的这五条，皆本《纪年》。另增“幽王生”“豕生人”二句，未知所出。“幽王生”必误，“平王生”倒有可能。

按史籍，周无隐王，哀王立三月被杀，不得有八年。那么，《搜神记》的周隐王、周哀王这两个年份是怎么来的?

原束晳考正汲冢书，于《纪年》篇，必与《春秋》经传相对照，然后确定其相应年份。于是将《春秋》起迄之年，注于《纪年》，以便检验。即在曲沃庄伯十二年之上注“隐元年”，在晋定公十八年之上注“哀元年”。引用《纪年》者，恐人不知曲沃庄伯与晋定公的时代，改用周王纪年，又误以“隐元年”为周隐王元年，“哀元年”为周哀王元年。于是在引文中，将曲沃庄伯十三年改称周隐王二年，将晋定公二十五年改称周哀王八年。

十、昭王末年五色光贯紫微辨伪

《太平御览》卷 874：“《竹书纪年》曰：周昭王末年，夜有五色光贯紫微，其年王南巡不返。”

《路史·发挥》卷三注：“《汲纪年》云：昭王末年，夜有五色光贯于紫微，其年王南巡不返。”

《通鉴外纪》卷三下：“昭王德衰，有光五色贯紫微，井水流。”不着出处。

《广弘明集》卷十一：“案《周书异记》云：周昭王即位二十四年甲寅岁四月八日，江河泉池忽然泛涨，井泉并皆溢出，宫殿人舍山川大地咸悉震动，其夜五色光气入贯太微，遍于西方，并作青红色……当此之时，佛初生王宫也。……”

此说有两个问题：

一、“昭王末年”不合《纪年》体例。《纪年》是史官所记，几年就是几年，不能记作末年。它也不是校理者所增，因原简散乱，又有残缺，恢复原状犹恐不及，焉可增益?

二、紫微作为天区之名，先秦所无。

《史记》《汉书》但称紫宫，汉末三国始有紫微之名，最早见于孔融荐弥衡疏：“振翼云汉，扬声紫微。”及青龙十年高堂隆上疏：“天彗……犯帝座而干紫微。”南北朝时，紫宫与紫微并用，后期又出现紫微宫之名。至于紫微垣，与太微、天市并称三垣，则是隋唐之际的《步天歌》才出现的名称。

《石氏星经》作于战国，虽经后人增订，仍可从《开元占经》中窥及原貌。

《占经》引《石氏》凡称紫宫者 8 条，称紫微宫者 3 条，称紫微垣者 1 条，称紫微宫垣者

1条。分析于下：

“紫微垣”是隋唐以后的称谓。“紫微宫垣”既出“石氏中官星座古今同异，”自是《占经》编者之所称。至于称“紫微宫”的3条，前已论及，这一名称出于南北朝，另据《占经》卷86引班固《天文志》：元凤四年九月客星去紫微宫。卷90引司马彪《天文志》：建初元年及中平五年彗星入紫微宫。检诸原书，并作“紫宫”。可见“紫微宫”之名，乃《占经》编者之称，汉人本作“紫宫”。

由此看来，西周决无紫微之名，战国也不会有。则《御览》此条，决非《纪年》之文，也非出自汲冢，乃六朝人伪作。

十一、周宣王子多父

刘知几《史通·杂说上》“汲冢纪年”条云：“而《竹书纪年》出于晋代，学者始知后启杀益，太甲杀伊尹，文丁杀季历，共伯名和，郑桓公、厉王之子。则与经典所载，乖刺甚多。”前人早已指出，经典皆以桓公为厉王之子，知此“厉王”为“宣王”之误。

而《水经·洧水注》曰：“《竹书纪年》：晋文侯二年，同惠王子多父伐郐，克之，乃居郑父之丘，名之曰郑，是曰桓公。”

据《汉书·地理志》注引臣瓒曰：“幽王既败，二年而灭郐……”知此事在平王二年，当晋文侯十二年，《水经注》引作晋文侯二年，夺“十”字。

以上，《水经注》据和峤初编本，释为“同惠王子”，《史通》据束皙重定本，释为“周宣王子”，原简已佚，无从检验。究竟何者为是？

从文献方面考察：

一、《史记·郑世家》：“郑桓公友者，周厉王少子，而宣王庶弟也。”《十二诸侯年表》作“宣王母弟”。

二、《左传》文二年曰：“宋祖帝乙，郑祖厉王，犹上祖也。”杜预注：“帝乙，微子父，厉王，郑桓公父。”

三、《左传》僖二十四年，富辰曰：“郑有平惠之功，又有厉宣之亲。”

四、《左传》宣十二年，郑襄公说：“徼福于厉宣桓武”。

上两条皆厉宣并称，指厉王所生，宣王所封，缺一不可。桓公若是宣王子，则不须加厉王，犹班簋自称“文王王姒圣孙”而不加王季也。

五、《国语·周语中》：襄王十七年……王德狄人，将以其女为后，富辰谏曰：“不可……狄、隗姓也，郑出自宣王……”韦昭注：“出者，郑国之封，出于宣王之世也。”当然也可以理解为郑桓公为宣王所生，但综合文献考察，应以韦注为是。

再从年代方面来考察：

《史记》桓公立三十六年卒、武公二十七年卒，当有所据。太史公因《郑语》之“十一年而弊”误以为桓公死于幽王十一年，于是在《十二诸侯年表》中，将桓公之封排在宣王三十二年，《郑世家》从之。今由《纪年》及郑庄公时诸事来看，桓公之卒当在平王六七年，桓公之封当在宣王二十七八年。此时幽王不过二十几岁(见下表)，桓公若是宣王之子，必小于幽王，此时尚未成年，不宜受封。而宣王四十二年封王子长父于杨时，长父应该早已成年。以此例之，桓公受封时应该早已成年，年长于幽王，当是厉王之子。

厉宣幽平年龄估

	出生年(公元前)		元年		卒年	
厉王	886	孝王七年，夷王 27 岁	867	20 岁	41 年	60 岁
宣王	859	厉王 28 岁	826	34 岁	46 年	79 岁
幽王	820	宣王 40 岁	780	41 岁	11 年	51 岁
平王	794	幽王 27 岁	770	25 岁	51 年	75 岁

说明：

一、《纪年》："孝王七年，厉王生。"

二、《太平御览》85 引《琐语》："仲山父曰：天子年长矣，而未有子"，可知宣王初年尚无子。

三、西周 275 年，武王克商 4 年而死，年数太短不计，其余 10 世共 270 年(1044－4－770＝270)，平均每世 27 年。以虚岁计，平均 28 岁得子。西周大致是男子二十五而娶，故其成年不会小于 25 岁。

从以上两方面来看，郑桓公当是厉王之子。盖原简漫漶，校理者又必须辨识，乃致误也。

十二、幽王七年虢人灭焦

王国维说过，《今本纪年》"所载，殆无一不袭它书，其不见它书者，不过百分之一。"是《今本纪年》亦有可取之处。"幽王七年，虢人灭焦。"即是其例。

幽王时，虢公石父为卿士，虢国势力较强，焦与虢为邻，灭焦于形势可通。

《国语·郑语》：幽王九年，王室始骚。桓公问于史伯："王室多故，余惧及焉，其何所可以逃死？"史伯对曰："……当成周者……西有虞、虢、晋、隗、霍、杨、魏、芮。"而无焦国，可知此时焦已灭。

《左传》：闵公二年春，"虢公败犬戎于渭汭。"虢人不能越焦西征，此时应已有焦地。至僖公六年，晋献公灭虢，焦地始为晋有。

从天文历法的发展看《尧典》的著作时代

一、春秋以前不知岁实

岁实又称岁策，是一岁的常数，即从冬至到冬至的日数。

殷代和西周的历法，还处在观象授时阶段，以朏为一月之始，通过观测物候及星象来定岁时。如果将黄赤道带中某一亮星的晨现作为岁时的标准，自然非常准确，可惜我们的祖先只把它作为众多标准之一，仍以物候为主。而物候的变幅有20天以上，以致置闰无章，甚至出现一年十四个月。金文所见，西周仍有三个十四月，即成王时的叔夨方鼎、西周中期的邓公簋、两周之际的下都雝公缄鼎。西周晚期，观象授时已到成熟阶段，不应再有十四月，雝公缄鼎应是二王并立时期，天子失政，诸侯各自为历，一些小国不得其法才产生的特殊现象。

春秋初期，历法开始进入推步阶段，已以朔为月首，制定了$29\frac{21}{40}$日的朔策，并编制来年历书。但仍用观测物候星象来决定岁时，朔策也偏小，每七年就会先天半日，须要随时调整。

春秋时，诸侯交往频繁，先进文化传播迅速，历法上的这一进步，应为诸侯所普遍采用，所以鲁历可以代表当时的历法水平。

春秋历家不知岁实，是由鲁历置闰无章知道的。

春秋历朔，误差不过一日，由于随时调整，基本合天。在此前提下，如果有岁策，其置闰规律不外以下几种：

置闰周期表

岁策(日数)	置闰周期(间隔年数)
365	333323332 循环
365.25	3332332 循环
365.5	332 循环
366	32332 循环

而实际情况无一相符。春秋晚期定、哀二世的置闰年份是：定公二、四、七、十、十二、十四，哀公二、五、七、十、十三、十六、十八、二十一、二十四、二十七。其间隔年数是：233223323332333。不符合任何岁策。

春秋晚期鲁历建子，但仍未固定。如定公二年冬至在二月六日，十年冬至在二月五日，超出观测误差，也证明当时并无岁策。

哀公七年冬至在闰月二十八日甲午，后 3 天丁酉为正月朔，可见当时观测冬至有 3 天误差。也许古人认为岁的长度也和月的长度(29.2～29.9 日)一样处于波动之中，故无法预测来年冬至。

二、四时的出现及定型

殷代只有春秋而无冬夏，春字像草木初生，秋字像成虫，并无固定月份。西周始有四时之名，其证有二：

一、《诗·四月》：四月维夏，六月徂暑，先祖匪人？胡宁忍予？秋日凄凄，百卉具腓，乱离瘼矣，爰其适归？冬日烈烈，飘风发发。民莫不穀，我独何害？……

这首诗是西周晚期王朝士人行役南方之作，以暑在六月，最冷在冬，符合夏历的四时。

二、《纪年》：孝王七年，厉王生。冬，大雹，牛马死，江汉俱动(《通鉴外纪》作冻)。及孝王崩，厉王立，王室大乱。(出《太平御览》引《史记》，详见《读纪年杂识》篇)

此条出现冬字，知孝王时已有四时。

由以上两条可知，冬夏必是寒暑之时。它的出现及命名，必在行用夏历(建寅)的时期。

西周时的历法，早期在建丑建寅之间波动，穆王以前以建丑为主，孝王以后以建寅为主，宣王之末又转向建丑。这里仅将孝王时的建正，表述于下。

周孝王时历法建正表

王年	公元前	建正	正月朔	本年冬至	闰否	彝铭历日检验
一	892	丑	丁未	12 月 5 日丙子	闰	曶簋：元年三月丙寅。三 月丁未朔，廿一日丙寅
二	891	寅	辛未	11 月 15 辛巳		王臣簋：二年三月初吉庚寅。三月辛未朔，廿日庚寅
三	890	寅	丙寅	11 月 26 丙戌		师晨鼎、师艅簋：三年三月初吉甲戌。三月十日甲戌
四	889	丑	庚申	12 月 8 日壬辰	闰	瘨盨：四年二月既生霸戊戌。二月庚寅朔，九日戊戌
五	888	寅	甲申	11 月 18 丁酉		谏簋：五年三月初吉庚寅。三月癸未朔，八日庚寅 师旋簋：五年九月既生霸壬午。九月庚辰朔，三日壬午
六	887	寅	己卯	11 月 29 壬寅		宰兽簋：六年二月初吉甲戌。二月戊申朔，廿七日甲戌

续表

王年	公元前	建正	正月朔	本年冬至	闰否	彝铭历日检验
八	885	寅	丁酉	11 月 22 癸丑		齐生鲁彝：八年十二月初吉丁亥。十二月辛酉朔廿七日丁亥
十	883	丑	乙酉	12 月 14 日癸亥	闰	畯簋，十年正月初吉甲寅。正月乙酉朔，卅日甲寅
十二	881	寅	癸酉	11 月 6 日甲戌		太师虘簋：十二年正月既望甲午。正月癸酉朔，廿二日甲午 大簋盖：十二年三月既生霸丁亥。三月壬申朔，十六日丁亥 89 刻望(昨晚未见满月，故今日仍称既生霸)
十三	880	寅	戊辰	11 月 17 日己卯		十三年瘐壶：十三年九月初吉戊寅。九月甲子朔，十五日戊寅
十五	878	寅	丙戌	11 月 9 日乙丑		大鼎：十五年三月既霸丁亥：三月乙酉朔，三日丁亥

说明：冬至在十一月为建寅，在十二月为建丑。

此时冬至大都在十一月，基本上已是夏正建寅之历。

当时的四时，只是将一年十二个月等分为四，并无标准，只好随着建正的波动而波动。直到历家认识了岁实，将冬至纳入历法，有了二分二至，对四时的认识才有了标准。四分术创立后，以二分二至为四时之中，二启二闭为四时之始，才得以完善。

战国初期所创的四分历术，以 $365\frac{1}{4}$ 日为岁策，这一数值，没有数十年的观测及其后若干年的验证是定不下来的。可知春秋时已在观测冬至。由于误差大，不知岁策，不能推知明年冬至并纳入历书，既无冬至，也就不可能有二分二至了。

《左传》有两个日南至：

> 僖五年，春王正月辛亥朔，日南至。公既视朔，遂登观台以望，而书，礼也。凡分至启闭，必书云物，为备故也。
>
> 昭二十年，春王二月己丑，日南至。

两条冬至都先天二日，朔也不符。但都符合三统历，又都是三统历的章首，当是刘歆为了树立三统历的权威而伪造的。何幼琦先生有《左氏日南至辩惑》，(见中山大学学报1980.1)，这里不再详述。昭十七年传也有分至启闭，具备四时八节，而我们知道，春秋历法，决非四分。

三、《尧典》与四仲中星

学者每用尧典的四仲中星来考察其时代，但问题甚多，难以定论。

四仲中星的年代

年代	冬至日在	时节	太阳赤经	日没时刻	昏明	初昏时刻	昏中星赤经
前 2450±100	危前 1^0	冬至	18^h	16:55	49 分	17:44	昴 23^h44^m
前 1150±100	女 3^0	春分	0^h	18:04	45 分	18:49	星宿一 6^h48^m
前 430±100	牵牛 0^0	夏至	6^h	19:16	56 分	20:12	大火 14^h12^m
前 1000±100	女 1^0	秋分	12^h	18:04	45 分	18:49	虚宿一 18^h49^m

说明：日没时刻：取北纬 35 度地方真太阳时。

初昏时刻：诸家所取不同，故年代各异。今取民用昏影终＋(天文－民用)1/3，似可见三等星。

年代：由黄道芳星盘推算。

《尧典》的四仲中星，彼此时代矛盾，相距千年以上，决非星历家所为，必为儒家所编造，不能用以推测其著作时代，但它反映了当时的历法水平，我们可以从中探求其时代。

四、四分历术的测定年代

从历法方面看，《尧典》著作时历法已有岁策，又有二分二至，但疏于四分历术，必晚于春秋而早于四分术的创立。

古六历并用四分，它以 $365\frac{1}{4}$ 日为岁策，须 143 年才后天 1 日，以 $29\frac{499}{940}$ 日为朔策，须 314 年才后天 1 日，它的创立，彻底结束了观象授时，使我国历法进入全面推步阶段，是当时世界上最先进的历术，比古希腊的卡利普斯周还早百年。

古六历气朔各异，它们在创立时必经实测。我们可以通过其合天年份来探求其测制年代。战国至三国冬至的观测误差达 2.2 日，所以只能用朔旦来计算。

六历朔旦合天年份表

历别		殷历	颛顼历	夏历	鲁历
历元年份		公元前 1567 年甲寅岁	公元前 386 年乙未岁	公元前 1015 年丙寅岁	公元前 4881 年庚子岁
历元气朔		正月甲子朔旦冬至	十一月辛巳朔旦，后 2 日癸未冬至	正月庚午平明（寅时）朔旦立春	正月甲子朔旦，后 2 日丙寅冬至
章首闰余		0	1	125/152	1
实用蔀首		公元前 427 年己酉蔀首	公元前 386 年辛巳蔀首	公元前 483 年癸卯蔀首	公元前 473 年丙午蔀首
合天情况	年份	公元前 426 年	公元前 382 年	公元前 422 年	公元前 443 年
合天情况	平朔	天正正月癸卯 37 刻	人正十一月戊子 1.2 刻	人正正月戊寅 96 刻	天正正月辛巳 94 刻
合天情况	历朔	正月癸卯 348/940	十一月戊子 11/940	正月戊寅 745/940 化为子时制 96 刻	正月辛巳 889/940
合天情况	冬至	天正甲寅.5	人正十一月乙巳.21	天正乙亥.49	天正乙酉.39
合天情况	历冬至	正月甲寅 1/4	甲辰.0	人正上年十一月丁丑 19/32 化为子时制丁丑.76	正月乙酉.2/4
测定年份		公元前 426±20 年	公元前 382±20 年	公元前 422±20 年	公元前 443±20 年

说明：一、夏历数据，见拙作《夏历元首探索》。

二、秦自躁公至出子，比世内忧，直到献公立，才接受先进历术制定新的历法，所以颛顼历测制较晚。

三、鲁历：《汉书·律历志·上》曰："鲁历不正，以闰余一之岁为蔀首。"《开元占经》所列鲁历积年有误，据《大衍历中气议》："鲁历朔后[殷历]51/940 日，故僖公五年正月为壬子朔。"今依顾观光说，以公元前 321 年庚子岁为甲子蔀首。并改为后 2 日冬至，以合"闰余一"。

四、据《晋书律历志》，杜预并考古今十历以验《春秋》，在《春秋》37 次日蚀中，颛顼历得 8 蚀，殷历得 13 蚀，鲁历得 13 蚀，夏历得 14 蚀。今依本表术数推算，除颛顼历因杜预用汉传颛顼历术数推算而不能对比外，其余夏、殷、鲁历皆得 13 日，基本相符。

综合看来，在殷、夏、鲁三历的测定年限之内，其同时符合三历的年份，在公元前 442～423 年之间，应该就是古四分历的测定年代。

五、《尧典》作于二十八宿体系的创立时期

古人很早就认识若干恒星，春秋以前，见于《诗经》和《夏小正》的有：牵牛、织女、毕、箕、定、参、昴、北斗、大火、南门等。它们都是引人注目的 0 等至 1 等星(牵牛、织女、毕、大火、南门，都在全天 20 颗最亮星之内。)和形状特殊的星宿(箕、斗状如器物，参、定、南门排到有序，昴则是一簇明亮的星团。)而《尧典》的虚是三等星①，在全天 100 颗亮星之外，且无特殊形状，当是二十八宿体系创立期间才认识的。

在《尧典》的四仲中星中，鸟、虚、昴三星都是四方七宿的中星，只有“日永星火”不取东方七宿的中星房而取火，颇难解释。我相信作者不会自乱其例任意安排，当别有所据，此条盖采自《夏小正》的“五月初昏大火中。”《夏小正》原是西周观象授时之书，战国初期有所增补，“正月初昏参中”、“五月初昏大火中”，就是战国初期所增。四分术创行后，观象授时完全淘汰，自然不须增补了。大火在二十八宿体系中已改称心，尧典仍称火，也应在这一体系定型之前。

那么，二十八宿体系创于何时？

古人相信天上的星宿与人间的生活有密切关系，但不知究竟。当人们对若干星宿的相对位置有了一定认识之后，发现有些亮星在星宿间移动，它们的亮度甚至超过最亮的恒星(天狼星是－0.15 等)。

五星可见时的亮度表

五星	水星	金星	火星	木星	土星
亮度	＋0.5 至－0.5	－3.3 至－4.9	＋1.8 至－1.7	－1.9 至－2.9	＋0.7 至－0.2

它们主何吉凶？自然非常关切。到战国初期，以三晋为代表的北方社会，公室卑弱，新兴势力崛起，奋发图强，促进了思想解放和科学的发展。为了探讨天人关系，具体观察五星的移动，天学家选取周天的若干点，并测定其距度，作为坐标，以观测五星，穷其所往，探其秘奥。

这一体系的完成，也有个过程。如三星是参宿的标志，设计之初，参必为三星，但是在定型的二十八宿体系中，却以参右肩为距，三星反而不属于参宿而处于觜宿之内。可知原来西方只有奎娄胃昴毕参六宿，为了整齐划一，凑成每方七宿，才加入觜宿的。

这一体系一旦建立，就会使用，发挥作用。最先的效果应是认识金星，金星是日月之外最亮的天体，最早见于西周《诗·大东》的“东有启明，西有仓庚”，当时人们还以为是两颗星，二十八宿体系创立后，用不了两年，只须经过一个会合周(583.92 日)，由其轨迹，就会发现，启明、仓庚原来是一颗星，以其大而能白，命曰太白。

---

① 虚宿的古距星是虚二，即小马座 α，是 4 等星，汉代才改为虚一，即宝瓶座 β，是 3 等星。考虑到二十八宿体系初创时，恐怕不会取这样暗的 4 等星为距，故本文暂依 3 等星讨论。

其次是木星，它的恒星年是 11.86，最多观察三个周期，就可以确定它是 12 年一周天。

火星以见伏无常，亮度多变，又有逆行，不可为极，命曰荧惑。[①]

最后认识的应是土星。土星的恒星周是 29.46 年，古人观测不精，取作 28 年，以其岁填一宿，命曰填星。

五星的认识，至少须要观测 30 年，最多不过 50 年。但它完成于何年，已不可知，只能作些推测：

测得木星 12 年一周天，不会超过 40 年。观测五星，原是为了探测天意，预知吉凶，周期既知，三晋史官就会从历史事件中探寻木星与国家盛衰兴亡的关系，他们发现了若干线索，以为岁星所在国吉，因分周天为 12 次，对应地上的 12 国，创为岁次—分野之说。以其“岁处一国，是司岁”[②]，命曰岁星。这一过程，大概须要十来年的时间，不会太久。

这样看来，从设立观测坐标到岁次—分野说的形成，不会超过 50 年。岁次—分野说创立于公元前 395 年±5 年[③]，则二十八宿体系的创立，不会早于公元前 450 年。

《续汉书·律历志》刘洪论历曰：“夫甲寅元，天正正月甲子朔旦冬至，七曜之起，始于牛初……”知殷历冬至日在牵牛初度。测得冬至日在宿度，是历法上的一大进步，但太阳不能直接观测，须要先测得冬至，再通过较精的漏刻，于夜半时测得中星，取周天之半而来。这时必已有周天宿度，即 $365\frac{1}{4}$度，而这一数值，只有在四分历术及二十八宿体系创立之后才能知道。古以牵牛上星(摩羯座 α)为距，冬至日在牵牛初度的年代，经张培瑜先生推算，在公元前 433 年±50 年之内。

随县曾侯乙墓出土的大漆箱，盖上绘有完整的石氏周天二十八宿，只是名称与定型的二十八宿小异：营室、东壁作西萦、东萦，柳作酉，轸作车。曾侯乙卒于公元前 433 年，可证此时二十八宿体系已经基本定型。

总之，二十八宿体系的创立，应在公元前 450～433 年之间。

六、综论

综上所述，《尧典》的著作时代，从历法的发展阶段来看，晚于春秋，早于四分历术的测定。而四分术的测定，在公元前 442～423 年之间。从天文学的发展阶段来看，在二十八宿体系的创立时期，即公元前 450～433 年或稍后。两者基本一致，综合考虑，应在公元前 450～423 年之间。

再从时代背景来看，《尧典》用夏历，必作于以三晋为中心的夏历地区。战国初期，晋国还是“天下莫强焉”，又是北方文化的中心，而天文学的飞跃(表现在五星的认识、四分

① 《史记·天官书》曰：“故甘石历五星法，唯独荧惑有反逆行。”可见当时只知荧惑有逆行。

② 见马王堆汉墓帛书《五星占》

③ 见拙文《从岁次岁阴到干支纪年》

历的创立、冬至点的测定等），须要有一个稳定的政治气候。公元前 454 年，三家灭智伯，[①] 从此，三家励精图治，促成了经济文化的蓬勃发展，也给儒家创造了一个开拓的机会。

近世治《尚书》的两位大师顾颉刚和陈梦家，都考证《尧典》作于战国，只是秦汉时有所增补。我们还可以从多方面予以补充，例如考妣并称，就仅见于战国以后，春秋以前全是祖妣并称。本文则是从天文历法方面予以补充，论证了它是公元前 450～423 年之间居于三晋的儒家所作，这将有利于探求它的作者。

《史记·仲尼弟子列传》说："孔子曰：受业身通者七十有七人，皆异能之士也。德行：颜渊、闵子骞、冉伯牛、仲弓，政事：冉有、季路，言语：宰我、子贡，文学：子游、子夏。"可见子游、子夏有著作的才学。又说："子夏少孔子四十四岁，……孔子既殁，子夏居西河教授，为魏文侯师。"考文侯元年为公元前 445 年，[②]时子夏 63 岁，子夏为魏文侯师，既可在文侯即位之后，也可在之前，与以上所限定的《尧典》著作的年代吻合，所以《尧典》很有可能是子夏所作。

① 见拙文《战国纪年疑义》

② 见拙文《战国纪年疑义》

由清华简《系年》订正战国楚年

战国时期的楚国诸王年份，俱见于《史记·六国年表》，但错误很多，拙作《战国纪年疑义》①只修订了怀王以下，今据《清华简·系年》，威王以前，也须修订。

一、声王元年为公元前 404 年

《系年》第二十二章：

> 楚声桓王即位元年，晋公止会诸侯于任。宋悼公将会晋公，卒于鼬。韩虔、赵籍、魏击率师与越公翳伐齐，……晋魏文侯斯从晋师，晋师大败齐师，……晋公献齐俘馘于周王，遂以齐侯贷、鲁侯羴、宋公田、卫侯虔、郑伯骀朝周王于周。

今据《左传》，“鲁哀公二十六年十月，宋景公卒”，当公元前 469 年。昭公，《史记》作四十七年卒，当公元前 422 年，未见异说。悼公，《纪年》作十八年卒，应为公元前 404 年。

又，《纪年》：“晋烈公十二年，王命韩景子、赵烈子、翟员伐齐，入长城。”即此事。亦为公元前 404 年。

屭羌钟铭亦记此事，其“唯廿又再祀”，为周威烈王二十二年，亦为公元前 404 年。

二、简王元年为公元前 428 年

《系年》第二十一章：

> 楚简大王立七年，宋悼公朝于楚，告以宋司城坡之约公室。王命莫敖阳为率师以定公室，城黄池，城雍丘。晋魏斯、赵浣、韩启章率师围黄池，逾迥而归之于楚。……

上节已知，宋昭公卒于公元前 422 年，悼公继位，则简王七年不得早于是年，简王元年不得早于公元前 428 年。《史记》简王立二十四年卒，今由声王元年为公元前 404 年计，简王元年为公元前 428 年，可以相符。

据此，《史记》惠王立五十七年卒，疑为六十年之误。

---

① 见《中国古代史论丛》第八辑，福州，福建人民出版社，1983 年。

三、悼王元年为公元前400年

《系年》二十三章云：

> 楚声桓王立四年，宋公田、郑伯骀皆朝于楚。王率宋公以城榆关，是武阳。秦人败晋师于洛阴，以为楚援。声王即世，悼哲王即位，郑人侵榆关……战于桂陵，楚师无功……。明岁，晋𨓚余率晋师与郑师以入王子定，鲁阳公率师以交晋人，晋人还，不果入王子。明岁，郎庄平君率师侵郑，郑皇子、子马、子池、子封子率师以交楚人……楚师围之于蔑，尽逾郑师与其四将军，以归于郢。郑太宰欣亦起祸于郑，郑子阳用灭，无后于郑。明岁……

此章连续记事在五年以上，所以"声王即世，悼哲王即位"应为悼王元年。声王四年卒，悼王元年应为公元前400年。

这一年份，还可通过以下二事来考察：

一是楚败郑，郑杀子阳。《系年》在悼王三年，而《六国年表》当悼王二年，可见《六国年表》不是采自楚国史料，疑出郑史。

二是王子定奔晋。《六国年表》当悼王三年，而《系年》晋、郑以兵入王子定不果，在悼王二年。晋、郑纳王子定不可能早于王子定出奔，可见《六国年表》的这一条也不是采自楚史。郑人既参与此事，史官有所记载，太史公见郑国史料有"王子定奔晋"，误以为周之王子，遂置于周栏。

这里，再作一些申述：

《史记·郑世家》作于《六国年表》之前，其战国部分，应直接采自郑国史料。除共公年数略有脱误外，幽公以下，郑年完整无误。如"繻公二十年韩赵魏列为诸侯"，又当齐康公二十五年、周威烈王二十三年，定在公元前403年。繻公二十七年卒，至康公十一年韩灭郑，为公元前375年，当韩哀侯二年、魏武侯二十一年。这些都是诸侯年份的确切定点，颇为珍贵。所以郑国史料应是《六国年表》的重要来源之一。

楚悼王初期年份对照表

《六国年表》年份及事件		《六国年表》来源	《系年》
公元前399年	王子定奔晋。楚归榆关于郑	郑繻公24年	悼王二年晋郑以兵入王子定不果
公元前398年	楚败郑师，围郑，郑杀其相子阳	郑繻公25年	悼王三年大败郑师，郑杀子阳
公元前397年	郑人杀君	楚悼王5年	
公元前396年	郑子阳之徒，杀其君繻公	郑繻公27年	

《郑世家》繻公"二十七年，子阳之党，共弑繻公骀，而立幽公弟乙为君，是为郑君。"而《六国年表》繻公二十六年，又出来"郑人杀君。"决非出自郑史。

对照《系年》，楚悼王二年，晋郑以兵入王子定，悼王三年，楚大败郑，郑杀子阳，则“郑人杀君”当在楚悼王五年，《六国年表》的这一条，当是据楚国的片段史料纳入的。

由此可定，楚悼王元年为公元前400年。

四、肃王元年为公元前379年

自悼王元年公元前400年至怀王元年公元前326年，相距74年，即悼、肃、宣、威四世，而《史记》只有73年，少一年，不知失在何世，仍须探讨。

《六国年表》“肃王十年，魏取我鲁阳。”这一时期，魏栏中的大事与魏年全不合，自非采自魏国史料，此条当采自楚史。《史记》悼王二十一年卒，则肃王十年为魏武侯二十六年，可通。若悼王增一年，则肃王十年当魏惠王元年，魏方内乱，不得伐楚。知悼王二十一年不误，则肃王元年为公元前397年。

五、宣王元年为公元前367年

《史记·赵世家》及《六国年表》：“成侯十九年，与齐、宋会平陆，与燕会阿。”此条它处不见，当采自赵史。《纪年》亦云“惠成王十五年，邯郸成侯会燕成侯于安邑。”即赵与燕会阿之事，当公元前355年。而《六国年表》赵成侯十八年，又纳入“赵孟如齐”一条，赵孟即赵君，平陆在今汶上县境，属齐，此条当即“与齐、宋会平陆”之事，重出于此，必非采自赵、魏两国史料。

《六国年表》，“赵孟如齐”之年，亦当秦孝公五年、韩昭侯二年、齐威王二十二年、楚宣王十三年，其来源不出以上四国。而秦、韩、齐三国的这一年份，都不当公元前355年，不可能有“赵孟如齐”的记载。所以，这一条记载只能出自楚国，是由楚宣王十三年纳入的。知宣王元年为公元前367年。

战国楚年简表[①]

世次	《史记》		订正	
惠王	57年	元年公元前488年	60年	元年公元前488年
简王	24年	431年	24年	428年
声王	6年	407年	4年	404年
悼王	21年	401年	21年	400年
肃王	11年	380年	12年	379年
宣王	30年	369年	30年	367年
威王	11年	339年	11年	337年

① 原载《简帛网》2012年3月26日。

续表

世次	《史记》		订正	
怀王	30 年	328 年	30 年	326 年
顷王	36 年	298 年	33 年	296 年
考王	25 年	262 年	25 年	263 年
幽王	10 年	237 年	10 年	238 年
王负刍	5 年	227 年	5 年	228 年
昌平君			1 年	227

颛顼历三易术数探源

我们原先以为，颛顼历的术数始终如一，张家山汉简[①]出土后，张培瑜先生发现并非如此。秦代、汉初、太初改历之前这三个时期的历法不是同一术数[②]，岳麓秦简[③]的出现，更加证明了他的论断。然而，这三个时期的确切术数如何，为什么要更改，至今还没有得到圆满的解释，须要进一步探讨。

一、汉传颛顼历术数

《史记·历书》说："汉兴，……袭秦正朔服色。"在《张丞相列传》中，也肯定"用秦之颛顼历"。司马迁身为太史令，掌管文史星历，以当时人记当时事，又是自己主管之事，决无可疑。

《开元占经》卷一百五，载"古今历积年及章率：古今历上元已来至今开元二年甲寅岁积……颛顼历上元乙卯至今 2761019 算外。"据此，颛顼历的近距历元应是：公元前 1506 年乙卯岁正月己巳朔旦立春。

然而，由此推出的历朔，每与史籍不符，故学者或以为秦汉间用殷历。银雀山汉简出土后，经陈久金、陈美东先生研究，其气朔多与殷历不合而与颛顼历借半日法一致，从而使颛顼历得到确认[④]。

借半日法为颛顼历所特有。历家认为，朔旦时日月相合，它是上下两月之交，既是下月之始，也是上月之终，朔旦以前属于上月，朔旦以后属于下月。由于不能把一天分作两月，故适当安排，朔旦在午前时这一天大部时间属于下月，则为朔日；朔旦在午后时，这一天大部时间属于上月，则为晦日。具体做法是：朔旦加半日为朔，减半日为晦。这样处理，还可以使晦朔两日都见不到月明，似乎较为合理。

汉传颛顼历对于岁首的安排，用的也是这一原理。由气节而论，立春是前后两岁之交，立春以前属于前岁，立春以后属于后岁。由于不能把一月分作两年，故适当安排，以立春在前半月者为正月，在后半月者为十二月，也是较为合理的。

如此看来，只要不拘于成见，对颛顼历的借半日法，是容易理解的。

今作汉传颛顼历推步表为表 1。由蔀首与入蔀年数，可以推得任何一年的气、朔、闰。

---

① 张家山二四七号汉墓竹简整理小组：《张家山汉墓竹简》，北京，文物出版社，2006 年。

② 张培瑜：《根据新出历日简牍试论秦和汉初的历法》，《中原文物》2007 年第 5 期。

③ 陈松长：《岳麓书院所藏秦简综述》，《文物》2009 年第 3 期。

④ 陈久金、陈美东：《临沂出土汉初古历初探》，《中国天文学史文集》，北京，科学出版社，第 66 页，1978 年。

表 1 汉传颛顼历推步表

首章		二章		三章		四章		闰余
入蔀年	朔余	入蔀年	朔余	入蔀年	朔余	入蔀年	朔余	
1	0	20	39·705	39	19·470	58	59·235	76
2	54·348	21	34·113	40	13·818	59	53·583	132 闰
3	18·255	22	58·020	41	37·725	60	17·490	36
4	12·603	23	52·368	42	32·133	61	11·838	92
5	7·011	24	46·716	43	26·481	62	6·246	148 闰
6	30·858	25	10·623	44	50·388	63	30·153	52
7	25·266	26	5·031	45	44·736	64	24·501	108 闰
8	49·173	27	28·878	46	8·643	65	48·408	12
9	43·521	28	23·286	47	3·051	66	42·756	68
10	37·869	29	17·634	48	57·399	67	37·164	124 闰
11	1·776	30	41·541	49	21·306	68	1·071	28
12	56·184	31	35·889	50	15·654	69	55·419	84
13	50·532	32	30·297	51	10·062	70	49·767	140 闰
14	14·439	33	54·204	52	33·909	71	13·674	44
15	8·787	34	48·552	53	28·317	72	8·082	100 闰
16	32·694	35	12·459	54	52·224	73	31·929	4
17	27·102	36	6·807	55	46·572	74	26·337	60
18	21·450	37	1·215	56	40·920	75	20·685	116 闰
19	45·357	38	25·122	57	4·827	76	44·592	20

说明：1. 本表的朔余，即朔旦大小余，以数字代表日辰(即大余)及时刻(即小余)，隔点前为大余，0 为甲子，1 为乙丑，余类推(详见文末所附 60 日辰序号表)，隔点后为小余，以 940 为日法。下同。

2. 入蔀年，即所求年距蔀首之年数，算外。如公元前 163 年，为 214－163＋1＝52，即壬申蔀 52 年。

3. 求朔旦：以蔀首大余，加入蔀年朔余，即入蔀年正月朔旦。因用借半日法，小余 470 以上，朔在次日。求下月，加 29·499。

4. 求八节：蔀首大余即蔀首立春，以后每年加 $5\frac{1}{4}$ 日。求冬至，由立春减 1/8 岁(即 $45\frac{21}{32}$ 日)。余类推。

5. 此术置立春于正月朔旦前后各半月之内，故章首闰余 78(即 1/2 月)，以后每年增 56(即 7/19 月)，闰余 96 以上，是年有闰，闰在后九月。

表 2 汉传颛顼历蔀首表

蔀首年份(公元前)	442	366	290	214	138
蔀名(蔀首大余)	乙亥(11)	甲寅(50)	癸巳(29)	壬申(8)	辛亥(47)

二、古颛顼历术数探索

近十余年出土的秦汉简牍，所记秦代历朔，每与汉传颛顼历不符。其中，关沮秦简[①]32 朔，不符者 9，张家山汉简 3 朔，不符者 1，里耶秦简[②]59 朔，不符者 5。岳麓书院藏秦简 28 朔，不符者 6。以上合计(除重复者外)119 朔，不符者 21 朔。这证明古颛顼历的术数与汉传颛顼历不同，我们过去的看法有误，应该纠正。

由以上 119 朔日，与汉传颛顼历相较，可以找出两历的差距范围。

从 21 个不符的朔日中，择其差距最大者，以为下限。从 98 个相符的朔日中，择其差距最小者，以为上限。表述如下：

表 3　古颛顼历与汉传颛顼历的朔旦差距

年份	出土简牍朔日	汉传颛顼历朔旦	差距
始皇卅四年公元前 213 年	岳麓秦简：十一月丁卯朔	十一月朔旦 3·290，丁卯朔	比汉传颛顼历大 179 分以内
二世元年公元前 209 年	关沮秦简：十月乙亥朔	十月朔旦 10·301 甲戌朔	比汉传颛顼历大 169 分以上

由表 3 可知，古颛顼历的朔旦大于汉传颛顼历，其范围在 940 分日之 169 至 179 之间。

如果二者的设置条件一致，只是气朔不同的话，那么比汉传颛顼历的朔旦大 169 至 179 分的确切数值，可以通过汉传颛顼历推步表排查出来。

因为战国历家的岁策、朔策相同，六历都是以 76 年为一蔀，各年首月的朔小余只有 76 种，循环往复。所以，通过已知某年首月(历元所设月份)的大小余，可以从推步表中推算出它的入蔀年、蔀首及其气朔。

以二世元年为例：二世元年为公元前 209 年，汉传颛顼历正月朔旦 38·858，古颛顼历比之大 169 至 179 分，其正月朔小余应在 87 至 97 分之间。可是在汉传颛顼历推步表中，这一数值与任何一年都不相符。这证明，古颛顼历与汉传颛顼历不但气朔不同，而且设元条件也不同，即不是以正月朔旦立春为元。

张培瑜先生以公元前 606 年九月己巳朔旦霜降为元，以小雪在十月为置闰标准。但先秦历法只有八节，尚未发展为二十四气，不可能用霜降、小雪来制历。

李忠林先生以公元前 361 年十月丁巳朔无小余为实用历元[③]，有朔无气，难以正四时。经推算，是年冬至在十一月十一日乙未，立冬在九月廿四日己酉，气朔不在同月同日，如何能作为历元？又，是月平朔丙辰 44 刻，定朔丙辰 4 刻，都不是丁巳，则此术在行用之

① 湖北省荆州市周梁玉桥遗址博物馆：《关沮秦汉墓简牍》，北京，中华书局，2001 年。

② 《湖南龙山里耶战国——秦代古城一号井发掘简报》，《文物》2003 年第 1 期。何有祖：《里耶秦简牍缀合》，简帛网，2012 年 5 月。赵岩：《里耶秦纪日简牍劄记》，简帛网，2012 年 10 月 31 日。雷海龙：《里耶秦简试缀五则》，简帛网，2014 年 3 月 15 日。

③ 李忠林：《秦至汉初历法研究》，《中国史研究》2012 年第 2 期。

前已后天半日以上，必误。

朱桂昌先生著《颛顼日历表》[①]，以公元前366年正月甲寅朔旦立春为元，乃是汉传颛顼历的术数，只是不用借半日法，其后虽经增减朔余，仍不能与出土文献的历朔相符。如里耶秦简秦始皇廿八年七月戊戌朔、卅年十一月庚申朔、卅一年二月癸未朔、卅二年六月乙巳朔，岳麓秦简卅四年十一月丁卯朔，关沮秦简卅七年九月乙亥朔，朱表都错后一日，故难以成立。

那么古颛顼历的术数究竟如何？这就须要考虑各种可能，予以排查。

古颛顼历的已知条件有三：

一是建正：战国前期，四分历术初创，历家只能以冬至作岁时标准，因为只有冬至可以测量，其他节气都是由此计算而来。历家有两个系统：天正历建子，置冬至于正月，周、鲁诸国用之；人正历建寅，置冬至于中冬十一月，三晋秦楚诸国用之。颛顼历属于人正系说，必是以冬至在十一月为置闰标准的。

二是年始：以冬十月为一年之始，闰在后九月。

三是借半日法：以朔旦加半日为朔，减半日为晦。

依据上述条件，古颛顼历的设元，不外以下三种：

(一)以正月朔旦立春为元，此术与汉传颛顼历基本相同，经与已知秦代历朔对照，不符。

(二)以十月朔旦立冬为元，由此制成的历术推步表，经与秦代历朔对照，也不符。

(三)以十一月朔旦冬至为元，由此制成的历术推步表，与已知秦代历朔对照，只有每章第九年的朔旦晚一个月，只须略作调整，即增闰余一，便可完全相符。今作古颛顼历推步表于下：

表4 古颛顼历推步表

首章		二章		三章		四章		闰余
入蔀年	朔余	入蔀年	朔余	入蔀年	朔余	入蔀年	朔余	
1	0·0	20	39·705	39	19·470	58	59·235	1
2	54·348	21	34·113	40	13·818	59	53·583	8
3	48·696	22	28·461	41	8·226	60	47·931	15闰
4	12·603	23	52·368	42	32·133	61	11·838	3
5	7·011	24	46·716	43	26·481	62	6·246	10
6	1·359	25	41·124	44	20·829	63	0·594	17闰
7	25·266	26	5·031	45	44·736	64	24·501	5
8	19·614	27	59·379	46	39·144	65	18·849	12闰

① 朱桂昌：《颛顼日历表》，北京，中华书局，2012年。

续表

首章		二章		三章		四章		闰余
入蔀年	朔余	入蔀年	朔余	入蔀年	朔余	入蔀年	朔余	
9	43・521	28	23・286	47	3・051	66	42・756	0
10	37・869	29	17・634	48	57・399	67	37・164	7
11	32・277	30	12・042	49	51・747	68	31・512	14 闰
12	56・184	31	35・889	50	15・654	69	55・419	2
13	50・532	32	30・297	51	10・062	70	49・767	9
14	44・880	33	24・645	52	4・410	71	44・175	16 闰
15	8・787	34	48・552	53	28・317	72	8・082	4
16	3・195	35	42・900	54	22・665	73	2・430	11
17	57・543	36	37・308	55	17・073	74	56・778	18 闰
18	21・450	37	1・215	56	40・920	75	20・685	6
19	15・798	38	55・563	57	35・328	76	15・093	13 闰

说明：1. 以冬十月为年始，置冬至于十一月，闰在后九月。

2. 求朔旦：以蔀首大余，加入蔀年朔余，即入蔀年十一月朔旦。求下月，加 29・499，余类推。因用借半日法，小余 470 以上，朔在次日。

3. 求冬至：蔀首大余加 2 日为蔀首冬至，以后每年加 $5\frac{1}{4}$ 日。

4. 求闰余：章首闰余 1，以后每年加 7(即 7/19 个月)，闰余 12 以上岁有闰。

表 5　古颛顼历蔀首表

蔀首年份(公元前)	386	310	234
蔀名(蔀首大余)	辛巳(17)	庚申(56)	己亥(35)

古颛顼历的实用历元为公元前 386 年十一月辛巳朔旦，后 2 日癸未冬至。朔旦比汉传颛顼历大 171 分。

标准的四分历术，是置朔旦冬至于同一时刻以为历元。古颛顼历冬至后朔旦 2 日，是由于制历者偏重于实测数据，未作统一调整之故。为了使冬至固定于中冬十一月，乃加闰余一以安排闰年。这在古六历中，有例可援，《汉书・律历志》云："鲁历不正，以闰余一之岁为蔀首"即是。西晋咸宁时，史官并考古今十历以验春秋，鲁历得十三蚀，可知此时鲁历尚存，则鲁历闰余一之说，应有所据。

此术年始在十月而设元于十一月，不够理想，但不影响推步，汉传颛顼历设元也不在十月。

战国前期，三晋奋发图强，经济文化活跃，创造了先进的四分历术。而秦僻处雍州，出子以前数易君，君臣乖乱，至献公立，才得以吸收先进文化，创建自己的历法，故颛顼历的测制，不会早于献公元年(公元前 384 年)。颛顼历朔旦与天密合的年份为公元前 382

年，而冬至先天 1.2 日，亦在观测误差范围之内，其测制年代当在此前后。

表 6 古颛顼历合天年份(公元前 382 年)气朔比较表

	古颛顼历		今推	误差
天正冬至	十一月甲辰	40.0	41.21	先天 1.2 日
天正平朔	十一月戊子	$24\frac{11}{940}$	24.012	密合

表 7 秦统一以前历日检验

文献及出土器物历日	公元前	古颛顼历历日
《秦本纪》：献公四年正月庚寅孝公生	381 年	辛巳蔀 6 年，十一月朔旦 18・359。正月十日庚寅
商鞅方升：孝公“十八年冬十二月乙酉”	344 年	辛巳蔀 43 年，十一月朔旦 43・481。十二月八日乙酉
瓦书：惠文君四年十一月辛酉、癸酉	334 年	辛巳蔀 53 年，十一月朔旦 45・217，有辛酉、癸酉
《秦本纪》：十三年四月戊午惠文君为王	325 年	辛巳蔀 62 年，十一月朔旦 23・246。四月四日戊午
青川木牍：武王“二年十一月己酉朔”	309 年	庚申蔀 2 年，一度改以正月为岁首，十一月朔旦 50・348，甲寅朔，后十一月己酉朔
睡虎地秦简：昭王四十五年十二月甲午	262 年	庚申蔀 49 年，十一月朔旦 17・306，十二月十四日甲午
睡虎地秦简：五十六年后九月，昭死	251 年	庚申蔀 60 年，有闰
《秦本纪》：孝文王元年，十月己亥即位三日辛丑卒	250 年	庚申蔀 61 年，十一月朔旦 7・838，十月壬寅朔，无己亥，当是十一月之误
《秦本纪》：庄襄王三年四月日食	248 年	庚申蔀 63 年，十一月朔旦 56・594。四月戊子朔，咸阳可见九分大食
《秦本纪》：庄襄王四年五月丙午卒	247 年	庚申蔀 64 年，十一月朔旦 20・501。五月廿五日丙午
张家山汉简：始皇二年十月癸酉朔	245 年	庚申蔀 66 年，十一月朔旦 38・756。十月癸酉朔
张家山汉简：始皇六年八月丙子朔	241 年	庚申蔀 70 年，十一月朔旦 45・767。八月丙子朔
《吕氏春秋》：始皇八年秋甲子朔	239 年	庚申蔀 72 年，十一月朔旦 4・082。七月甲子朔
睡虎地秦简：始皇廿年四月丙戌朔	227 年	己亥蔀 8 年，十一月朔旦 54・614。四月丙戌朔
里耶秦简：始皇廿五年六月丙辰朔	222 年	己亥蔀 13 年，十一月朔旦 25・532。六月丙辰朔

表 8　秦统一后已知历朔

年份	十月	十一月	十二月	正月	二月	三月	四月	五月	六月	七月	八月	九月	后九月
廿六年，入己亥蔀 14 年	甲寅		癸丑	己丑	癸丑	壬午		辛巳			庚戌		
廿七年，入己亥蔀 15 年					丙子	丙午			乙亥		甲戌		
廿八年，入己亥蔀 16 年							庚午	己亥	己巳	戊戌	戊辰		
廿九年，入己亥蔀 17 年			丙寅				甲子					壬辰	辛酉
卅年，入己亥蔀 18 年	辛卯	庚申			己丑			戊午	丁亥	丁巳	丙戌	丙辰	
卅一年，入己亥蔀 19 年	乙酉			甲寅	癸未		癸未	壬子	壬午	辛亥			庚辰
卅二年，入己亥蔀 20 年	己酉			戊寅	丁未	丁丑	丙午	丙子	乙巳	乙亥	乙巳	甲戌	
卅三年，入己亥蔀 21 年	甲辰			壬申	壬寅	辛未	辛丑	庚午	庚子	己巳	己亥	戊辰	
卅四年，入己亥蔀 22 年	戊戌	丁卯	丁酉	丁卯	丙申	丙寅	乙未	乙丑	甲午	甲子	癸巳	癸亥	壬辰
卅五年，入己亥蔀 23 年		辛卯		庚寅		庚寅	己未	己丑	戊午		丁巳	丁亥	
卅六年，入己亥蔀 24 年	□辰	丙戌	乙卯	乙酉	甲寅	□□	癸丑	□未	□□	壬午	壬子	辛巳	
卅七年，入己亥蔀 25 年	辛亥	□□	庚戌	己卯	己酉	戊寅	戊申	丁丑	丁未	丙子	丙午	乙亥	□□
二世元年，入己亥蔀 26 年	乙亥	甲辰	甲戌	癸卯	癸酉	壬寅	壬申	辛丑	辛未	庚子	庚午	己亥	

资料来源：

1. 本表廿六年至卅三年历朔出里耶秦简。

2. 卅四年历朔，出岳麓书院藏秦简。原简作“九月癸亥小，后九月壬辰小，十月小”，按古四分术无连小月，更不会连三个小月，依其前后月尽，后九月壬辰小必为壬辰大之误。

3. 卅五年历朔，五月、六月出里耶秦简，其余出岳麓书院藏秦简。

4. 卅六年至二世元年历朔，出关沮周家台秦简。卅六年原简作“六月大、七月壬午大、八月壬子（下无月尽）、九月辛巳小”，六、七两月大，则八月必小，九月必大，此作九月辛巳小，误，应为九月辛巳大，才与十月辛亥相符。关沮秦简另有卅四年历日简，因是私人所编，不合历术，错误甚多，故未予采用。

通过上述两个表的检验，朔日全符。证明古颛顼历这一方案的术数是可以成立的。单就朔日而论，三个方案都可通，区别甚微，现将相异处列出，以便检验。

表 9　古颛顼历三个方案朔日之异

年月	张培瑜	白光琦	李忠林
昭王廿八年九月	戊子	戊子	丁亥
昭王卅五年十一月	庚辰	庚辰	己卯
昭王四十一年六月	壬申	辛未	辛未
昭王四十八年正月	甲子	癸亥	癸亥

续表

年月	张培瑜	白光琦	李忠林
昭王五十四年七月	丙辰	乙卯	乙卯
秦始皇元年二月	戊申	丁未	丁未
秦始皇七年九月	庚子	己亥	己亥
秦始皇十四年三月	壬辰	辛卯	辛卯
秦始皇卄年后九月	甲申	癸未	癸未

三、楚用颛顼历检验

战国有六历，楚历属于人正系统，自应排除殷、周、鲁历，而楚与中国文化各异，楚人也不会使用夏历。秦楚都自称是颛顼之后，用颛琐历也很自然。出土简文有秦楚月名对照表，如果秦楚异历，岁首和气朔不同，月名就无法对照，可见秦楚之历只有月名之异。楚亡后 21 年就代秦而有天下，如果秦楚异历，不应弃楚历而取秦历。可知秦楚皆用颛琐历。检验于下：

包山楚简有“东周之客许绖归胙于栽郢之岁”，已知为公元前 317 年，此年各月简文记有 196 个不计重复的日辰。于古颛顼历，入辛巳蔀第 70 年，十一月朔旦 6·767，为辛未朔，十六日乙酉冬至，对照如下：

表 10　公元前 317 年楚国历日对照表

楚简月日及简号	颛琐历月日
冬栾之月　甲辰 80　——乙丑 82	十月朔旦 37·268，辛丑朔，四日甲辰，廿五日乙丑
[屈栾之月] 甲戌 81	十一月朔旦 6·767，辛未朔，四日甲戌
远栾之月　癸卯 207	十二月朔旦 36·326，庚子朔，四日癸卯
𦥧层之月　壬申 162 ——　戊戌 86	正月朔旦 5·825，庚午朔，三日壬申，廿九日戊戌晦
夏层之月　癸卯 126 ——　丙寅 163	二月朔旦 35·384，己亥朔，五日癸卯，廿八日丙寅
亯月　己巳 163 ——　丙申 165	三月朔旦 4·883，己巳朔，廿八日丙申
夏栾之月　己亥 165 ——　丙寅 166	四月朔旦 34·442，戊戌朔，二日己亥，廿九日丙寅
八月　戊辰 167 ——　丙申 184	五月朔旦 4·001，戊辰朔，廿九日丙申
九月　戊戌 168 ——　乙丑 49	六月朔旦 33·500，戊戌朔，廿八日乙丑
十月　辛未 60 ——　乙未 76	七月朔旦 3·059，丁卯朔，五日辛未，廿九日乙未
𩓣月　己亥 78 —— 癸亥 101	八月朔旦 32·558，丁酉朔，三日己亥，廿七日癸亥

以上楚历许绲之岁的191个日辰，都与颛顼历相符。严格地说，它的朔小余范围，限在颛项历的－30至＋85分之内，可以基本上肯定楚用颛顼历。

四、汉初编历时对气朔的安排

张家山247号汉墓出土竹简，有汉五年四月至高后二年后九月连续17年基本齐全的173个朔日，如下表。

表11　张家山汉简汉初朔日表

年份	公元前	十月	十一月	十二月	正月	二月	三月	四月	五月	六月	七月	八月	九月	后九月
汉五年	202							辛卯	辛酉	庚寅	庚申	己丑	己未	□□
六年	201	戊午	丁亥#	丁巳	丙戌#	丙辰	丙戌	乙卯	乙酉	甲寅	甲申	癸丑	癸未	
七年	200	壬子	壬午	辛亥#										
八年	199	丁未	丙子	丙午	乙亥	乙巳	甲戌	甲辰	癸酉#	癸卯	壬申#	壬寅	辛未#	辛丑
九年	198	辛未	庚子	庚午	己亥	己巳	戊戌	戊辰	丁酉	丁卯	丁酉?	丙寅	乙未#	
十年	197	乙丑	甲午#	甲子	甲午※	癸亥	癸巳	壬戌	壬辰	辛酉	辛卯	庚申	庚寅	己未
十一年	196	己丑	戊午#	戊子	丁巳#	丁亥	丙辰#	丙戌	丙辰	乙酉	乙卯	甲申	甲寅	
十二年	195	癸未	癸丑	壬午	壬子	辛巳	辛亥	庚辰	庚戌	己卯#	己酉	戊寅#	戊申	
惠帝元年	194											癸酉	壬寅#	壬申
二年	193	辛丑#	辛未	辛丑※	庚午	庚子	己巳	己亥	戊辰	戊戌	丁卯	丁酉	丙寅	
三年	192	丙申	乙丑#	乙未	甲子#	甲午	癸亥#	癸巳	癸亥	壬辰	壬戌	辛卯	辛酉	
四年	191	庚寅	庚申	己丑	己未	戊子	戊午	丁亥#	丁巳	丙戌#	丙辰	丙戌※	乙卯	乙酉
五年	190	甲寅	甲申	癸丑	癸未	壬子	壬午	辛亥#	辛巳	庚戌#	庚辰	己酉#	己卯	
六年	189	戊申#	戊寅	戊申	丁丑	丁未	丙子	丙午	乙亥	乙巳	甲戌	甲辰	癸酉#	癸卯
七年	188	壬申#	壬寅	辛未#	辛丑	庚午#	庚子	庚午	己亥	己巳	戊戌	戊辰	丁酉	
高后元年	187										癸巳※	壬戌	壬辰	
二年	186				庚寅	己未	己丑	戊午	戊子	丁巳#	丁亥	丙辰#	丙戌	乙□#

说明：一、上标♯者，都比古颛项历早一天；上标※者，都比汉传颛项历晚一天。

二、汉九年七月丁酉必误，张培瑜先生已经论证，不赘。①

计算表明，在这173个朔日中，有31个与古颛项历不符，有4个与汉传颛项历不符。可见汉初的历法，既不是古颛项历，也不是汉传颛项历，今举其差距最大者2例，予以说明。

① 上标“?”，说明：已做解释。——编者加

表 12 汉初历法与汉传颛顼历的朔旦差距

年份	公元前	张家山汉简	古颛顼历	汉传颛顼历	张家山汉简比汉传颛顼历
汉六年正月	201	丙戌朔	22·610 丁亥朔	22·439 丙戌朔	大 30 分以内
惠帝四年八月	191	丙戌朔	21·620 丙戌朔	21·449 乙未朔	大 21 分以上

为什么会有这些差距？是否汉初改历？

汉代的改历，不外两个因素：一是改朝换代在政治上的需要，二是时历失天。战国以来，五德终始之说盛行，秦为水德，色尚黑，数用六，以冬十月为年始。汉高祖自居水德，袭秦正朔服色。至文帝四年，历朔旦已经后天半日，太中大夫贾谊草具改正朔易服色诸事，被大臣排挤而去。至十四年，鲁人公孙臣上书，谓“汉当土德，土德之应黄龙现，宜改正朔、易服色。”丞相张苍以为非是，罢之。十五年春，黄龙现成纪，文帝乃召公孙臣，拜为博士，与诸生草改历服色事。后二年，新垣平以诈言神气伏诛，于是文帝怠于改历服色神明之事，不了了之。直到武帝太初元年，历朔旦已后天 0.7 日，才改为土德之历，以正月为年始，色尚黄，数用五。可见，汉初不曾改历。

据表 12，汉初历朔大于汉传颛顼历，其范围在 21～30 分之间。

然而，由这一数值推导不出任何历元及蔀首，今以高后三年为例：

高后三年正月朔旦，汉传颛顼历为 49·541，小余加 21～30 分，时历应为 49·562～571 之间，而这个朔小余，在以正月朔旦立春为元的历术推步表中，与 76 个朔小余无一相合。十一月朔旦，时历应在 50·504～513 之间，而其小余在以十一月朔旦冬至为元的术数中，也无一相合。十月朔旦，时历应在 21·005～014 之间，而其小余在以十月朔旦立冬为元的术数中，也无一相合。

可见，汉初历法的术数，不符合四分历术的规律。

汉人既袭秦正朔，用颛顼历，为什么又出现这种情况？

历书是由史官依据历元及其积年编出来的，亦可根据本年气朔大小余编制来年历书。而秦人颁历止于秦二世三年，楚汉之际，群雄逐鹿，无人制历，致推步数值失传。至汉五年，十一月灭项羽，二月即帝位(《史记》作正月甲午，《汉书》作二月甲午，盖当时无历可依，故有异说。)，制定并颁布历书已刻不容缓。于是在颛顼历的框架内，依现有资料及近期观测大致确定。以汉五年十月甲午夜半朔旦、十一月己丑夜半冬至为基数，来编制历书。《史记·张丞相列传》说，“张苍为计相时，绪正律历，”应即此事。这一数值，朔旦比古颛顼历小 164 分，略有进步。其气朔合天情况比较如下。

表 13 汉五年(公元前 202 年)气朔比较表

历别	天正朔旦	冬至	闰余
天正(依现代天文方法计算)	天正平朔 59・115	24.97	133 闰
汉初历法	十一月朔旦 59・499 后天 0.41 日	25	131 闰
古颛顼历，入己亥蔀 33 年	十一月朔旦 59・645 后天 0.57 日	25	130 闰
殷历，入丁卯蔀 74 年	正月朔旦 59・778 后天 0.71 日	$26\frac{1}{4}$	136 闰
夏历，入庚子蔀 54 年	十一月朔旦 59・607 后天 0.53 日	$28\frac{19}{32}$	149 闰

闰余公式：X=(冬至－朔旦)÷朔策×152

汉初之历，朔旦后天 0.41 日，而殷历后天 0.71 日，夏历后天 0.53 日，所以张苍说："用颛顼历，比于六历，疏阔中最为微近。"

表 14 汉初朔闰表

首章				二章				三章				闰余
年份	公元前	十月朔旦	冬至	年份	公元前	十月朔旦	冬至	年份	公元前	十月朔旦	冬至	
汉五年	202	30	25	高后五年	183	9・705	4.75	文帝十六	164	49・470	44.5	131 闰
六年	201	53・847	30.25	六年	182	33・612	10					35
七年	200	48・255	35.5	七年	181	28・020	15.25					91
八年	199	42・603	40.75	八年	180	22・368	20.5					147 闰
九年	198	6・510	46	文帝元年	179	46・275	25.75					51
十年	197	0・858	51.25	二年	178	40・623	31					107 闰
十一年	196	24・765	56.5	三年	177	4・530	36.25					11
十二年	195	19・173	1.75	四年	176	58・878	41.5					67
惠帝元年	194	13・521	7	文帝五年	175	53・286	46.75					123 闰
二年	193	37・428	12.25	六年	174	17・193	52					27
三年	192	31・776	17.5	七年	173	11・541	57.25					83
四年	191	26・184	22.75	八年	172	5・889	2.5					139 闰
五年	190	50・091	28	九年	171	29・796	7.75					43
六年	189	44・439	33.25	十年	170	24・204	13					99 闰
七年	188	8・346	38.5	十一年	169	48・111	18.25					3
高后元年	187	2・694	43.75	十二年	168	42・459	23.5					59
二年	186	57・102	49	十三年	167	36・807	28.75					115 闰
三年	185	21・009	54.25	十四年	166	0・714	34					19
四年	184	15・357	59.5	十五年	165	55・122	39.25					75

说明：朔日仍用借半日法，小余 470 以上朔在次日。

除张家山汉简外，汉初还有若干晦朔，也与由本表所推得者一致，仅列于下，以便检验。

表 15　汉初的其他晦朔

晦朔	出处	晦朔	出处
汉三年十月甲戌晦	汉书高帝纪、五行志	高后八年后九月己酉晦	史记吕后本纪
十一月癸卯晦	汉书高帝纪、五行志	文帝二年十一月癸卯晦	汉书文帝纪、五行志
九年六月乙未晦	汉书高帝纪、五行志	三年十月丁酉晦	史记本纪、汉书文帝纪、五行志
惠帝七年正月辛丑朔	汉书惠帝纪、五行志	三年十一月丁卯晦	汉书文帝纪、五行志
五月丁卯先晦一日	汉书惠帝纪、五行志	七年十月丙子朔	鸡公山汉墓木牍
高后二年六月丙戌晦	汉书高后纪、五行志	十二年二月乙巳朔	马王堆3号墓木牍
七年正月己丑晦	史记吕后本纪、汉书五行志	十六年后九月戊申朔	凤凰山汉墓木牍

文帝后元年对颛顼历术数的修订

前已证明，汉传颛顼历与汉初历法不同，必有调整，简述于下。

汉文帝十五年春，公孙臣奉诏与诸生草土德之历，十七年更为元年，以新垣平事件而中辍，历经二年，应已初具规模。他们之中应有精于天文历算之士，经过观测和推算，修订了二十八宿的距星、距度，提出了二十四节气，创立了干支纪年，这些成果，虽未付诸实施，仍可在《淮南子·天文训》中窥见一斑。

他们知道，当时行用的历法，虽名为颛顼，却无历元和蔀首，与四分术的推算数值不符，于是稍加修订。气加$\frac{11}{32}$日，朔减$\frac{25}{940}$日，使之符合四分术数。并设置历元，以公元前2760306年正月己巳朔旦立春三光聚天庙五度为上元。同时将置闰标准由置冬至于十一月修订为置立春于正月朔旦前后各半月之内。遂为史官所传，今特称为汉传颛顼历。

表 16　文帝后元二年(公元前 162 年)气朔比较表

历别	天正朔旦			冬至		闰余
今推	平朔	36.76		54.7		92 不闰
汉初之历	十一月朔旦	37·284	后天 0.54 日	55	后天 0.3 日	91 不闰
汉传颛顼历	十一月朔旦	37·259	后天 0.52 日	$55\frac{11}{32}$	后天 0.6 日	100　闰

公孙臣等所草的土德之历，是否已经完成，是什么内容，因改历中辍，已无可考。这次对气朔闰的修订，并非经过实测重新设定，只是稍作调整，使之规范化，故气朔仍后天半日有余，既未改革年始，也未实行无中置闰，与改历无关。

简结

战国初期，历家测定了相当精密的岁策、朔策，创造了先进的四分历术，并迅速传播。而秦自躁公至出子，比世内忧，及献公立，才制定新历，仍以冬十月为岁首。古颛顼历以公元前 386 年十一月辛巳朔旦后二日癸未冬至为实用历元，测制年代约在秦献公初期。

秦末，天下大乱，术数失传。及汉五年，天下初定，乃大致推测，设定气朔，以是年十月甲午朔旦、十一月己丑冬至为基数，编制历书。但这一数值不符合四分历术的规律。

文帝后元年，公孙臣等稍作调整，朔旦减 25 分，气加$\frac{11}{32}$日，并设置历元，使之符合四分历的术数。

至武帝太初元年，朔旦已经后天 0.7 日，冬至后天 1.2 日，才改为太初历。以太初元年前十一月甲子夜半朔旦冬至为元，改以正月为年始，将二十四气纳入历术，实行了无中置闰，并加入五星推步，使四分历术趋于完善。颛顼历行用 270 余年乃终。

附　60 日辰序号表

0 甲子	1 乙丑	2 丙寅	3 丁卯	4 戊辰	5 己巳	6 庚午	7 辛未	8 壬申	9 癸酉
10 甲戌	11 乙亥	12 丙子	13 丁丑	14 戊寅	15 己卯	16 庚辰	17 辛巳	18 壬午	19 癸未
20 甲申	21 乙酉	22 丙戌	23 丁亥	24 戊子	25 己丑	26 庚寅	27 辛卯	28 壬辰	29 癸巳
30 甲午	31 乙未	32 丙申	33 丁酉	34 戊戌	35 己亥	36 庚子	37 辛丑	38 壬寅	39 癸卯
40 甲辰	41 乙巳	42 丙午	43 丁未	44 戊申	45 己酉	46 庚戌	47 辛亥	48 壬子	49 癸丑
50 甲寅	51 乙卯	52 丙辰	53 丁巳	54 戊午	55 己未	56 庚申	57 辛酉	58 壬戌	59 癸亥